调查性报道

DIAOCHAXING BAODAO

刘万永 ◎著

人民日报出版社

图书在版编目（CIP）数据

调查性报道 / 刘万永著 . — 北京：人民日报出版社，2015.9
ISBN 978-7-5115-3350-0

Ⅰ.①调⋯　Ⅱ.①刘⋯　Ⅲ.①新闻报道—研究　Ⅳ.① G212
中国版本图书馆 CIP 数据核字（2015）第 210952 号

书　　名：	调查性报道
作　　者：	刘万永
出 版 人：	董　伟
策划编辑：	张炜煜
责任编辑：	林　薇　张炜煜
封面设计：	春天书装图文设计

出版发行：人民日报出版社
社　　址：北京金台西路 2 号
邮政编码：100733
发行热线：（010）65369527　65369509　65369510　65369846
邮购热线：（010）65369530　65363527
编辑热线：（010）65369514
网　　址：www.peopledailypress.com
经　　销：新华书店
印　　刷：大厂回族自治县彩虹印刷有限公司

开　　本：710mm×1000mm　1/16
字　　数：211 千
印　　张：14.5
印　　次：2015 年 12 月第 1 版　2015 年 12 月第 1 次印刷
书　　号：ISBN 978-7-5115-3350-0
定　　价：38.00 元

目　录

第一章　调查性报道的现状 001

　　第一节　调查性报道在中国 001

　　第二节　调查性报道面临的挑战 011

　　第三节　调查记者需要具备哪些素质 014

　　第四节　未来记者什么样 021

　　第五节　新媒体环境下的新闻采写实践 027

　　第六节　记者的风险意识 035

第二章　调查性报道的采访 041

　　第一节　怎样获得线索 043

　　第二节　采访的前期准备 055

　　第三节　提问：事件的核心 063

　　第四节　如何突破 070

　　第五节　采访中的记录 077

　　第六节　证据意识 082

　　第七节　如何与司法机关打交道 090

　　第八节　手机数据删除怎么办 104

　　第九节　暗访的界限与风险 107

　　第十节　记者与采访对象的关系 111

第三章 调查性报道的写作 ………………………………………… 115

第一节 扎进去与跳出来 ………………………………………… 118
第二节 真实与客观 ……………………………………………… 121
第三节 逻辑严谨 ………………………………………………… 124
第四节 写作的禁忌 ……………………………………………… 134

第四章 调查性报道的编辑 ………………………………………… 149

第一节 编辑的职责 ……………………………………………… 150
第二节 稿件常见问题 …………………………………………… 157
第三节 悦读——新闻可视化 …………………………………… 164

第五章 如何利用互联网进行调查性报道 ………………………… 171

第一节 利用互联网进行调查性报道的现实基础 ……………… 174
第二节 如何利用网络进行调查性报道采访 …………………… 178
第三节 如何利用网络编辑调查性报道稿件 …………………… 185
第四节 调查性报道也可以"众包" …………………………… 190

第六章 记者面临的陷阱 …………………………………………… 193

第一节 记者为什么会上当 ……………………………………… 193
第二节 你内心确认的,其实一开始就是错的 ………………… 197
第三节 你意外得到的,也许是要努力摈弃的 ………………… 200
第四节 戴着面具的线人 ………………………………………… 204
第五节 美人赠你蒙汗药 ………………………………………… 206

后记:真相永远是稀缺品 …………………………………………… 209
附 录 ………………………………………………………………… 215

第一章　调查性报道的现状

第一节　调查性报道在中国

对新闻感兴趣的朋友，想必知道《华盛顿邮报》对"水门"事件的报道。

1972年6月17日，为了取得民主党内部总统竞选策略的情报，尼克松竞选班子的5个人闯入位于华盛顿水门大厦的民主党全国委员会办公室，在安装窃听器并偷拍有关文件时，被保安抓获。《华盛顿邮报》的两位年轻记者鲍勃·伍德沃德（Bob Woodward）和卡尔·伯恩斯坦（Carl Bernstein）对这一事件进行了跟踪报道，正是他们报道揭露了白宫与水门事件之间的联系，从而最终促使了尼克松的辞职。后来，这个故事被改编成了电影《总统班底》，作为副产品，一个内涵确定的词诞生了：深喉。

这是新闻史上著名的调查性报道，获得了1973年的普利策新闻奖。不过直到1985年，普利策新闻奖才首次设立了调查性报道奖。

调查性报道对社会发展进步的推动历来值得铭记。近年来，中国新闻界公认的影响巨大的一则新闻是2003年4月25日《南方都市报》刊发的《被收容者孙志刚之死》。这篇报道，引发了社会对收容遣送制度的讨论，并最终推动了这一制度的终结。

类似的事例还有很多。2010年11月2日到5日,《新京报》推出"新圈地运动"系列专题报道,连续四天对全国各地以"城乡建设用地增减挂钩"为名,变相掠夺农民土地的行为,进行了披露。

第一篇报道便引起中央农村工作领导小组办公室主任陈锡文的注意,他当天接受了《新京报》的专访。

2010年11月10日,国务院总理温家宝主持召开国务院常务会议。有官员给新京报记者发短信说,温家宝主持的国务院常务会议正在研究你们报道的"新圈地"。

当晚,新华社播发通稿:国务院常务会议专题研究"城乡建设用地增减挂钩"制度,严厉批评了一些地方政府伤害农民利益的做法。随后,国土资源部作出修改《城乡建设用地增减挂钩管理办法》的决定。

有人把媒体的作用归纳为三个层次:传播信息,干预现实,引领社会。干预现实即是用报道推进社会的进步。

虽然很多报道发表后雪落无声,但有的报道可以改变一些人的命运,也可以促进一项政策的出台。

这是记者这个职业的魅力所在,也是调查性报道的魅力所在。

调查性报道在我国的发展历程

关于调查性报道的定义,不同的人有不同的解释。

美国学者梅尔文·德弗勒等人对调查性报道的定义是:为获得内情和揭露丑闻而强调细致地收集事实的报道风格。

美国新闻史名家埃德温·埃默里称:调查性报道就是指利用长期积累起来的足够的事实和文件,就事情的意义向公众提供一种强有力的阐释。[1] 甘惜分认为,

---

[1] [美] 沃尔特·李普曼、詹姆斯·赖斯顿等著 展江主译评:《新闻与正义》,中国人民大学出版社2009年1月第1版。

调查性报道是一种以较为深入、系统地揭露问题为主旨的报道形式。

比较起来，对调查性报道公认的界定是：

（1）涉及公共利益。即调查对象是损害公共利益的行为；

（2）真相被掩盖。有些行为尽管损害了公共利益，但被政府部门及时公开，也就不再需要记者进行调查了；

（3）记者独立进行调查。有些事件，政府部门会发布相关调查结果，媒体就此进行报道，算不上调查性报道。

"调查性报道"这一概念引进中国是在20世纪末。但通过记者独立调查、维护公共利益的报道行为却早已有之。

天津日日新闻记者沈荩（1872—1903年7月31日）是中国调查性报道较早的殉道者。

1903年，沈荩因在天津的英文报纸上揭露《中俄密约》，引发在东京的中国留日学生和国内各阶层的强烈抗议。7月19日被逮捕，沈荩被判斩立决，后改判立毙杖下。

1949年以后，在正面宣传的报道方针指导下，问题性报道只能通过内参的形式发表。

20世纪80年代以来，一大批具有记者和报告文学作家双重身份的作者，以报告文学的方式发表调查性报道，如中国青年报记者卢跃刚。在他看来，"因为见证了大量中国的现实，但不能都通过新闻的形式报道出来，报道不出来就要开辟第二战场，报告文学是我开辟的第二战场，是对新闻的二度开发"。[①]

考察20世纪80年代以来的报道，大致可以看到如下脉络：

80年代，深度报道概念提出（以启蒙为主）；

90年代，舆论监督、批评性报道勃兴；

---

① 张志安：《记者如何专业——深度报道精英的职业意识与报道策略》，南方日报出版社2007年11月第1版。

目前，新闻专业主义被重视，调查性报道在艰难中前行。

有学者认为，调查性报道是深度报道的一种形式。而深度报道这一概念最先由《中国青年报》提出并实践。

20世纪80年代的中国，改革风起，国门初开，人们的思想从被长期封闭禁锢走向开放，大量新生事物不断涌现，新闻报道尤其是纸媒和广播，是人们了解外部世界的重要窗口，记者在新闻报道中往往充当读者的代言人，会在报道中直接表达立场和观点。

那时，揭露问题的报道还被称为"负面报道"。比如在中国新闻史上著名的"渤海二号"沉船事故报道。

1979年11月25日凌晨3点30分左右，石油部海洋石油勘探局"渤海二号"钻井船在渤海湾迁移井位的拖航作业途中翻沉。除两人获救外，其余72人全部遇难，直接经济损失高达3700万元。事后查明，这是一起典型的因官僚主义违章瞎指挥造成的重大责任事故。

事故发生后，该局领导竟"丧事当作喜事办"，隆重召开遇难人员追悼大会，提出追认英雄烈士，并命名"渤海二号"钻井队为"英雄钻井队"，企图以此来掩饰自己的错误。

工人日报记者得到沉船消息后，辗转找到遇难者家属和职工，历时8个月努力，终于查清真相。

1980年7月22日，《人民日报》和《工人日报》同时发表有关"渤海二号"钻井船翻沉的消息。《工人日报》在该报记者采写的通讯《"渤海二号"钻井船翻沉说明了什么》中称，这次事故绝不是偶然的，而是领导上长期不重视安全生产、不尊重科学、不严格执行规章制度的必然结果。

一系列报道和评论的发表，引起舆论的强烈关注。不久，石油部长宋振明被解职，主管石油工业的副总理被记大过，事故直接责任人被判刑。

"渤海二号"沉船事故报道，突破了对重大事故（包括责任事故）和重大决策性错误不公开报道的做法。

虽然"负面报道"在当时还是"稀有物种",但新闻界已经开始有意识地跳出过去歌颂式报道的窠臼。

1985年4月,中国青年报在北京召开了记者会议,一位编辑和一位记者探索了报道突破的可能性。后来,他们确定报道的方向为"青年知识分子的成才问题"。这期间,他们通信十多次,最后在12月诞生了中国新闻界第一个深度报道成果——《大学毕业生成材追踪记》(8篇)。

报道作者张建伟用带有诗意的语言做出描绘:"1985年12月,深冬季节,《中国青年报》深厚的土壤里,撒下了一粒新种子,后来,人们给它取了个名字,叫深度报道。中国新闻界普遍承认,《中国青年报》是深度报道的诞生地。同时,一个更重要的评价是:深度报道,是《中国青年报》复刊以来最辉煌的成就之一,也是中国新闻界在新的历史时期最值得记忆的成果。"[①]这一时期的深度报道,被总结出五个显著特征:

专题性:改变传统"非黑即白"的思维定式,对生活进行全方位扫描,推出了"系列专题报道"。如《部分专业户沉浮的启示》(6篇)、《大学生基础文明调查》(5篇)、《中国农村剩余劳动力调查报道》(12组)。

宏观性:突破以往报道"以微观始,以微观终"的采写方式,强化宏观新闻意识,使个别化的微观信息在宏观的背景下得以突出。

启蒙性:20世纪80年代,媒体更多承担了启蒙作用,深度报道完成了这一使命。

综合性:综合各种信息。

信息化:针对某一"新闻性事件",记者竭力逼近导致事件发生的最真实、最重要的本质,做出独家的深度报道,如以《红色的警告》为代表的"大兴安岭特大森林火灾报道"。

1987年5月,大兴安岭发生了一场特大森林火灾,时任《中国青年报》黑龙

---

① 张建伟:《深度报道管窥》,《中国青年报通讯特写选》内部资料。

江记者站站长的雷收麦，会同记者李伟中、叶研和实习生贾永在火场奔波一个月时间，写下了《红色的警告》《黑色的咏叹》《绿色的悲哀》。

《红色的警告》《黑色的咏叹》《绿色的悲哀》（人称"三色报道"）改变了过去"坏事当好事"报道的定式，不仅触及了当时的森林管理体制，而且将矛头直指官僚体制的弊端。

"三色报道"获当年全国好新闻特等奖，全国绿色好新闻奖，被收入人民文学出版社《1987年优秀报告文学集》等多种文集，并被列入大学新闻专业教材，中国新闻学会为此召开过专题研讨会。

再如《命运备忘录——38名工商管理硕士（MBA）的境遇剖析》：

> 1984年4月，中美两国政府达成协议，为中华人民共和国培养高级工商管理硕士（MBA）。7月，招生工作在全国铺开。9月，440名精通英语、有三年实践经验的青年人才被选拔出来，参加考试。10月，440人再次参加考试，选拔出40人攻读MBA。两年后，1986年9月，39人完成学业，赴美学习。这批人被誉为"中国经济管理黄埔一期"。同年12月，获得MBA学位的38人回国。
>
> 美国《基督教科学箴言报》评论说："他们将置身于中国现代化的先锋行列。他们承担了将西方经济学及管理学理论融于中国改革的使命……他们经过两年的学习而得到MBA学位，他们将处于引导中国工业及政府部门前进的路上。"
>
> 在准备返回的几天内，美国工商界的一些首脑人物闻讯赶来，设宴款待他们，以期同他们拉上关系。
>
> 然而，1987年9月，《中国青年报》接到MBA的一封信：
>
> ——我们，38名高级工商管理硕士，虽年纪轻轻，却无用武之地，报国无门，苦不堪言。
>
> ——为培养我们，国家耗资百万，我们历尽艰辛。然而，培养与使

用完全脱节。

——我们怀疑，国家耗费巨资办这种"国家级人才培训项目"是为了什么？

……　……

接到来信后，中国青年报派出 6 名记者赶赴天津、辽宁、安徽等地采访。

报道的结尾写道：

我们可以像过去那样，抨击浪费人才的官僚主义，然而，政治体制不进行改革，官僚主义不会被彻底埋葬。MBA 在中国的命运已提醒我们：中国人才的危机不是什么别的危机，恰恰是以人治为特征的旧政治体制危机的投影。

我们也可以像过去那样，抨击旧观念，呼唤新观念。然而，我们终于醒悟，中国的人才浪费不是观念性浪费，而是结构性浪费；不突破旧的人才结构机制的森严壁垒，任何新的观念都难以发挥作用。MBA 在中国的命运提醒我们：全方位、立体化的人才流动市场不诞生，"让拔尖人才脱颖而出的环境"就不会最终形成。

因此，我们决定：不再做这种徒劳的努力，只留下一篇 MBA 在中国的命运备忘录。备忘录的扉页上注上两组字母：MBA——SOS。

这些报道，并非现在意义上的调查报道，甚至会在报道中出现大段记者的论述，但却是调查报道从深度报道中抽枝发芽的必经阶段。此后，更加强调客观、平衡，更加强调新闻专业主义精神的调查类报道更多地出现了。

《中国青年报》原副总编辑周志春曾说：《中国青年报》复刊（1978 年）初期有过一些大型报道，比如浙江有两个"衙内"强奸民女，本报的报道义愤填膺；

新疆一个女青年开枪杀人，本报提出事出有因，呼吁不要判死刑。报道轰动一时，（但存在的问题是）道德审判，居高临下。20 世纪 80 年代中期以后，媒体监督的力度有所加大，"提前量"就是最明显的特征，即不是以司法审判、高层结论为依托，触及新的问题，翻陈年老账，或者捅一些权势者企图掩盖的问题。力度大，（外界的）干预就多了起来。所以，1988 年以后我们就陆续提出了舆论监督要客观，强调研究性，在题材选择上突出认识价值，功能上强调揭示问题而不是对问题做出结论。

20 世纪 90 年代，随着改革开放的不断深入，各种社会问题涌现出来，从腐败到物价，从司法不公到环境污染，舆论监督成了这一时期新闻媒体的主要任务，监督对象则是权力运作尤其是政治权力和市场权力滥用导致的腐败。

20 世纪 90 年代中后期，电视记者的加盟改变了纸媒记者在调查性报道中一枝独秀的局面。央视的《焦点访谈》《新闻调查》培养了一批批优秀的调查记者，推出了大量影响巨大的调查性报道，如"山西运城假渗灌"报道等。

2003 年 5 月央视推出的《每周质量报告》也迅速在公众中打响。该栏目以暗访为主，大量揭露产品质量的造假行为，向公众解释相关政策和知识，成为满足公众知情权的重要渠道。比如"敌敌畏加工金华火腿""鸡精里不含鸡肉"等。

与此同时，《南方周末》以调查性报道形成了"一纸风行"的局面，报道领域触及社会生活的各个方面。

2000 年以后，南方周末部分记者分流到南方都市报、新京报、瞭望东方周刊等媒体，为这些媒体带来了新鲜力量。

《财经》杂志和胡舒立主持下的财新传媒，长期深耕财经领域的调查性报道，在读者中享有非常高的声誉。

这一时期，调查性报道达到一个高潮，表现是题材从报道司法不公扩展到揭露财经领域的问题，佳作频出，名记者成为业界追捧的对象。

党报的改革引人注目，其刊发报道的尺度往往成为风向标。2003 年 1 月 2 日，《人民日报》以创办视点新闻版为先导，开始了新一轮采编业务改革。

视点新闻版的定位是"以社会热点、群众话题、基层新事为报道重点,力求从贴近群众、贴近读者的角度,选取与人民生活息息相关的、带有典型性的新闻事件,以生动的语言、朴实的文风、清新的笔法,呈现给广大读者"。

实践证明,视点新闻版成了人民日报调查性报道的重要阵地。2004年2月24日,该版刊发《我国已建176座高尔夫球场 地方政府越权审批滥建》;2005年3月28日,独家率先报道了《保护还是破坏?圆明园湖底正在铺设防渗膜,专家认为后果不堪设想》。这些报道都引起了广泛的社会影响,推动了问题的解决。

受互联网的冲击,今天的调查性报道正面临巨大的危机:一方面留给媒体和记者采写报道的时间、空间被大大压缩,新闻报道的质量飘忽不定;另一方面,深度报道的读者发生结构性流失,越来越多的读者转向快餐式新闻,大家习惯阅读140个字的新闻。深度报道、调查性报道需要以娱乐化的方式吸引读者。

调查性报道的重镇,已经开始从纸媒向网媒转移。一方面,网媒的资金雄厚,传统媒体中的优秀新闻人大量加盟,他们操作调查性报道轻车熟路。近年来,腾讯、网易、凤凰网等推出了调查性报道,虽然数量不多,但影响深远,如凤凰网记者文涛关于缅甸战事的报道。另一方面,新技术的运用、新媒体的发展拓宽了调查性报道的表现形式,更加吸引受众。比如,澎湃推出的多媒体产品《中国气候移民故事:35万人迁徙寻生机》,该报道从2013年12月开始采写筹备,制作时间超过半年。报道结合了调查报道、动画、视频、图片和H5等多媒体手段,进行内容与视觉的无缝链接。

澎湃新闻以专业性划分记者团队,如政治、法治、社会、环境与食品安全、外交、防务等多个记者小分队,一方面尽力做到发生大事时记者第一时间赶到现场,滚动发布新闻动态和深度调查相结合,一方面不断培养和强化记者的专业素养,深耕各个领域,努力建设一支专家型记者队伍,从而能最大限度地挖掘不同领域的新闻线索,并在事件发生时从专业领域迅速判断新闻价值,找到核心人士,以最快速度挖掘新闻背后的意义所在。

同时,澎湃强化新闻的二次传播和上海影响。以澎湃新闻客户端和微信公众号、微博为主要网络传播平台，以专业记者团队各自的微信公众号和记者朋友圈为网络传播集群，以《东方早报》为扎根上海的平媒传播终端，实现新闻报道的全方位传播。

从启蒙到监督，从观察到参与，调查性报道表现出了顽强的生命力，吸引着一代又一代报人为之奉献青春乃至生命。

无论技术如何发展，人们对新闻的需求不会减少，社会对真相的渴求不会降低。公平、正义、透明、公开，始终是每一名记者为之奋斗的目标。

有人说，当下，调查性报道的黄金十年（2003年至2013年）已经过去，调查性报道正面临前所未有的低潮。其实，调查性报道如同中国的经济，有过一段高速发展，迎来一段时间的低迷也很正常。对那些热爱新闻的人来说，任何一个时间都是自己的黄金时间。

坚持理想，不忘初心，才能走得更远，才能更加明确工作的价值和意义。新华社《新华视点》栏目首任负责人陈芸总结"新华视点"十年历程时说："当记者的门槛越来越低时，我们坚持把职业标准提得更高；当浮躁之风弥漫时，我们坚持沉下去调查思考；当各种诱惑纷至沓来时，我们坚持默默地耕耘与责任的担当。也许我们只是传达了百姓的一个呼声，也许我们只是帮助了一个无助的农民工讨回了公道，看似微不足道，但我们坚信，持之以恒就能汇聚推动社会进步的力量。"① 一步步走过，对其中的滋味才能体会更深。

正如上海社科院白红义博士所说，调查性报道是最能体现新闻工作的价值和意义的一种报道，在社会转型期，尤其能发挥出媒体作为瞭望者的作用。但是刚性约束依然存在，同时，市场因素介入新闻组织及其生产过程导致的不利影响正在日益凸显。在这种情况下，我们任重而道远。

---

① 新华社国内部编著：《一个国家的十年记忆》，陕西师范大学出版总社有限公司2010年12月第1版。

第二节　调查性报道面临的挑战

　　大地春如海，男儿国是家。
　　龙灯花鼓夜，仗剑走天涯。

　　民国初年烈士熊亨瀚学生时代写的这首诗，广受调查记者喜爱，有人甚至将它当作座右铭。

　　的确，在别人欢庆的夜晚，远离喧嚣，一个人仗剑天涯，这种颇具个人英雄主义和浪漫主义的行为、强烈的家国情怀，跟调查记者的气质颇为吻合。

　　但是，侠义精神、孤胆英雄的标签贴在调查记者身上并不合适，只是寄托了人们美好但并不现实的期许。

　　没线索时烦躁，有题目时焦虑，应该说是很多调查记者的生活状态。所有记者都希望做独家新闻，希望得到好的选题，所以没有好选题时心情是烦躁的；越是好的选题，采访的难度越大，需要记者付出的心血越多，所以从拿到选题的那一刻开始，记者就处在焦虑状态，思考采访的路径、突破的难点、如何呈现等问题。

　　随着网络技术的发展，新闻迎来了全新的传播手段和环境。对调查性报道来说，有利的变化是，选题来源更加广泛、寻找采访对象更加便捷。但不利的因素也很多，比如，独家选题越来越难做，记者几乎不可能在保证选题独家的前提下有足够的时间挖掘内幕。

　　受新闻时效性的影响，大量号称"深度调查"的报道被快速生产出来，如同流水线上的食品。一个事件，只用一两天的时间，记者采访几个匿名知情人，写上一两个无法（或不愿）考证的故事，就算"起底"了。这样的报道，或许能一时取悦读者，但肯定配不上"深度"或"调查性报道"之名。

速生的东西必然速死。我们经常说，新闻的生命只有一天，但好的报道能让人们记住很长时间。相应地，好的报道需要记者投入的时间长，耗费的精力大。

《事故基础上的调查：调查性报道记者手册》中介绍了法国记者安娜-玛丽卡斯特雷（Anne-Marie Casteret）的故事，她花费了两年时间，调查法国的血液污染问题，由于她的报道，法国几名政客受到"过失杀人"的指控。

1984年到1985年年底，法国血液配送中心一直向血友病患者配送部分被艾滋病病毒感染的血液产品。1987年12月4日，安娜在法国《快报》上刊登了揭露这一丑闻的第一篇报道《血友病人的悲剧》。然而，这篇报道当时并没有引起法国社会的太大震动。

随后，安娜又在《周四新闻》上发表"血液污染事件"的系列报道，遗憾的是，所有6篇报道都没有被刊登在头条，原因很简单，编辑认为"血液污染丑闻不足以轰动整个法国社会"。

随后，其他法国媒体开始转载安娜的报道。同年4月25日，安娜公布了法国血液配送中心1985年4月25日的一份血液配送单。该清单证明，配送中心主任是在明知血液被病毒污染的情况下，仍向患者供应的。

1992年，安娜将自己的调查报道集合成书出版。因该丑闻，1999年，法国社会党前总理洛朗·法比尤斯（Laurent Fabius）及社会党其他部长均受到"过失杀人"的指控。

对记者来说，抓住一个好的题材，但公众并不关注，这是一件悲催的事。记者要不要继续报道，体现了记者的新闻判断能力和社会责任感。

能否花费较长时间采访报道同一件事，和媒体内部机制体制紧密相关，实事求是地说，在中国，只有少数几家媒体能保障记者这样采访。但从另外一个角度看，记者个人的坚持，也在很大程度上影响着稿件的生死。

2014年1月14日，财新网刊发了记者王和岩采写的《总后副部长谷俊山被查已有两年》等5篇报道，引起巨大反响，尤其是在2013年调查性报道乏善可陈的情况下，这篇报道为媒体赢得了声誉，挽回了尊严。用财新传媒常务副主编张进的话说:"这篇报道,题材重大,背景丰厚,是独家调查报道的绝好机遇。"

为了完成这篇报道,王和岩采访了四个半月,写作时间近一周,初稿2.5万字,刊发稿近2万字。然而,由于种种原因,这篇报道从完成到发表,足足等了10个月。

王和岩在"记者手记"中说:"这一年,这组稿子对我就像怀里抱着的宝贝,我时不时低头看她,时不时幻想有朝一日别人看到她的漂亮。那样,我会很兴奋。"

张进也在文章中记述了两人的对话:

看着和岩如此殷勤急切,我心里五味杂陈。沉吟半晌,还是下决心给她泼一瓢冷水。我狠狠心说:"和岩,我不能保证这次一定能发。如果还不能发,你不要太失望,继续等。"

电脑那头一片静默。

约一分钟后,屏幕上跳出和岩的一句话。这句话是如此轻松,实际上是如此无奈,如此辛酸,含义如此丰富,瞬间让我无言以对,难以忘怀。

和岩说:"没关系,我已经等了一年了……"

一篇稿子,花费几个月采写,还要兼顾日常报道,这种煎熬,不是每个记者都能忍受的。

古人说,功不唐捐,意思是说,所有的努力都不会白白浪费。记者有没有下功夫采访、有没有用心写作,读者是能看出来的。只有那些花大力气、下真功夫采写的稿件,才能赢得读者的尊重。

故宫太和殿有一副对联:"此处已近天庭地,静心可闻风雷声。"对调查记者来说,职业让我们有机会见到隐秘而波涛汹涌的暗流,我们的责任是用文字将它呈现给读者。但是,能否接近真相、看清真相,有赖自己能不能"静下心来"。

互联网时代,记者面临更多机遇和挑战,比如政策环境、薪酬待遇。其实,最大的敌人往往是自己,能不能在喧嚣的时代保持清醒,在质疑的时代保持信仰,静下心来做事,付出热情著文,决定着一个人最终能取得什么成绩。

第三节 调查记者需要具备哪些素质

首先需要明确的是，调查记者是一个数量较小的职业群体，并不是每一名记者都愿意而且胜任调查性报道。

2011年6月，张志安、沈菲发布了针对中国调查记者行业第一次总体普查的报告——《中国调查记者行业生态报告》。

报告显示：中国调查记者行业由男性主导，年纪偏小，学历较高。84%为男性，女性只占16%左右。大约有76%的调查记者年龄在35岁及以下，50岁以上的不到3%。几乎所有的调查记者都具有大专或以上学历，76%左右为本科，而拥有硕士或博士学位的有15%左右。调查记者所修专业主要有三大类：新闻传播类，占40%左右；语言文学类，占20%左右；经济管理类，占12%。[1]这份报告调查的媒体共80家、334名记者。

这份调查报告将"调查记者"定义为：一半以上工作时间从事调查性报道，主要以社会、时政、财经等领域的负面题材为主，多关乎公共权力滥用，有被遮蔽的真相要记者进行突破调查，特稿记者、对话记者等不算在内。

报告称，"即使用最宽松的定义标准，全国调查记者也不过数百人"。

那么，怎样才能成为这"数百人"中的一员，调查记者又需要具备哪些素质和能力呢？

---

[1]《中国调查记者行业生态报告》，张志安、沈菲于2011年6月发布。

一、多数记者应具备的素质能力要求

美国田纳西大学新闻学教授、传播学院荣休院长凯利·莱特尔在《全能记者必备》一书中说:"对一个记者来说,最重要的素质——除了写作的欲望和能力外,也许就是永不满足的好奇心、灵活及随和的个性、善于总结经验的本领、在截稿期限压力下工作的气质和接受客观事实的宽容心。记者还必须胸怀大志、生气勃勃、意志坚定,而且首要的是能约束自我。"

经常有人问:当记者,哪种能力最重要呢?

实事求是地说,这里有先天的能力,有的人天生就是当记者的材料,而有的人直觉就知道当不了记者。当然,有些能力和素质是可以后天培养的。

(一)较强的文字和口头表达能力

纸媒记者是用文字呈现新闻产品的,能否把采访到的内容准确、清晰甚至引人入胜地表达出来,至关重要。经常有人感慨:要是让我说,可以说得活灵活现,可是下笔写就不知道要写什么了。

口头表达能力如何是对所有记者的考验,电视和广播记者要求更高,比如发音要标准、清晰。记者提问,表述要准确、简洁、清晰,要让被采访者明白。更重要的是,好记者的问题要有针对性、目的性和张力。

比如,很多人对意大利女记者法拉奇推崇有加,原因之一是她的提问尖锐、犀利,能让被采访的政治人物袒露从未示人的一面。

比如,在采访基辛格时,法拉奇连续逼问,基辛格不得不承认越南战争毫无益处。

法拉奇问:"基辛格博士,人们说您对尼克松根本不在乎,说您关心的只是您干的这一行,同任何一位总统都可以合作。"

他点头同意,并说道:"我丝毫不怕失去群众,我能使自己做到想说什么就说什么。就像独自骑马领着一支旅行队走进一个旷野的西部神话。"

这个回答不仅惹怒了总统，还惹恼了普通民众。本来，基辛格在接受她的采访时坦白承认自己的虚荣心：因为她已经采访了那么多元首，他渴望在她建造的"领袖万神殿"里占据一席之地。现在他才明白"一生中最愚蠢的事"就是接受法拉奇的采访。

口头表达，背后是逻辑思维能力、知识储备多少和随机应变的能力。因此，除了有意识地多在公共场合发言积累经验外，还要加强学习，用丰富的知识武装头脑。

（二）强烈的探求未知的欲望

新闻报道的是刚刚发生甚至是正在发生的事实，很多事物是第一次出现，有的事件需要记者通过艰苦的努力才能弄清真相。记者要有强烈的好奇心，有兴趣替受众探求真相。

笔者曾接触过一名传媒专业的学生。问她："对教育问题有兴趣吗？"

答："没有。"

"对经济问题有兴趣吗？"

答："没有。"

"你到底对哪方面有兴趣呢？"

答："其实我对什么都没兴趣。"

对什么都没有兴趣，也许适合从事其他工作，但肯定不适合当记者。

（三）要有勤奋好学的精神

记者以社会现象为报道对象，需要文、史、哲、经、法等各方面的知识。缺乏知识，就容易在报道中出现差错。

随着信息技术的发展，获取知识变得越来越容易。但"搜索"不能替代"博学"，记者应保持学习的习惯，不断吸收各种知识，以应对采访的需要。

一般来说，记者的路径是"先杂后专"，刚刚进入媒体行业，要从热线记者做起，每天接触各行各业的人、各种各样的事，可能今天采访了"一位打工子弟学校校长办学的经历"，明天要请一位法学专家谈"如何看待打击网络谣言的司法解释"，后天的任务可能是要找一位研究交通的专家谈"如何解决北京的交通拥堵问题"。

记者每天都要接触大量的新鲜事物。不管知识面有多宽，总会有自己不清楚甚至完全没有接触过的领域。为了更好地完成采访任务，一方面需要记者对某些问题有长期的关注和积累，另一方面要求记者有突击学习的能力，对某一问题在最短的时间内掌握基本概念和常识，采访时少说外行话、写稿时不出常识性错误。

2007年12月3日，《中国青年报》发表了笔者采写的《一家小公司是怎样垄断山西疫苗市场的》一文，率先揭露了山西疫苗市场完整的利益链条。

2005年12月12日，山西省疾控中心以贯彻《疫苗流通和预防接种管理条例》为名，撤销了生物制品配送站，成立生物制品配送中心，由"卫生部部属企业北京华卫时代医药生物技术有限公司"进行二类疫苗的市场经营，每年交中心380万元。

从2006年6月开始，北京华卫推出了山西疾控的专用标签，并贴在所有配送疫苗盒子上，没有此标志的疫苗禁止进入山西疫苗市场。结果是，山西需要接种疫苗的人群，不得不接种高价疫苗。更重要的是，北京华卫贴专用标签的过程使得疫苗长时间脱离冷链系统，疫苗有可能在高温中变质。

采访这篇报道前，笔者对疫苗可谓一无所知。决定进行报道后，才恶补了相关知识。

比如，疫苗分为一类疫苗和二类疫苗。一类疫苗国家免费，但是，接种人必须按国家免疫规划接种；二类疫苗是要接种人自愿、自费接种，二类疫苗的价格很贵，而一类疫苗不用接种者花钱。

再比如，疫苗冷链问题。疫苗对温度敏感，从疫苗生产部门到疫苗使用现场之间的每一个环节，都可能因温度过高而失效。为了保证疫苗从生产、贮存、运输、分发到使用的整个过程有妥善的冷藏设备，使疫苗始终置于规定的保冷状态之下，需要配备低温冷库、运送疫苗专用冷藏车、冰箱、冷藏箱、冷藏背包等，称之为冷链。

政策方面，需要了解 2005 年 6 月 1 日起执行的《疫苗流通和预防接种管理条例》。该条例规定："疫苗生产企业可以向疾病预防控制机构、接种单位、疫苗批发企业销售本企业生产的第二类疫苗。疫苗批发企业可以向疾病预防控制机构、接种单位、其他疫苗批发企业销售第二类疫苗。"

这个规定的含义是什么？它改变了过去由疾控机构统购统销的模式，打破了省疾控中心垄断疫苗供应，特别是二类疫苗供应的体制。根本目的是，通过企业竞争降低二类疫苗的价格，从而让接种者受益。

补齐了这些基础知识，才能知道采访的重点和难点，才能比较顺利地完成采访任务。

二、调查记者的特殊要求

（一）要有对新闻真诚的热爱

老报人范敬宜在《如果有来世，还是做记者》的文章中说："我认为有五种人不可以做记者：不热爱新闻工作的不可以，怕吃苦的不可以，畏风险的不可以，慕浮华的不可以，无悟性的不可以。只有热爱新闻工作你才能心甘情愿地去吃苦。"

调查性报道的对象是"被掩盖的真相"，记者的工作是"揭盖子"，危险不一定发生，但过程无疑是艰苦的，记者西装革履，被采访者文质彬彬，这些只是电视剧里的画面。现实场景中，记者要想方设法进入新闻现场，更要千方百计探求真相，有时顾不上吃饭，有时一天下来连水都喝不上，有时可能还要遇到人身意外伤害。

体力的透支只是一个方面，记者还要承受心理的煎熬。一个选题，要在规定时间内完成；一个报道没写完，就要琢磨下一个选题在哪里，怎么做。

焦虑，是多数调查记者都要面对的心理体验。这种心理体验，往往是持续的、长期的，需要记者用整个职业生涯去面对。

与此相对应，调查记者要有一颗平常心，克服无力感。调查性报道需要激情，也需要冷静，更需要经验的积累，以便应对各种突发情况。

刚入行的记者激情满满，但缺乏经验；随着经验的积累，激情却慢慢消退。这是一个充满矛盾的困境。对多数记者来说，重要的不是激情的减退，而是无力感的与日俱增。最初从事新闻工作，一篇报道能产生一定的影响，本人会兴奋不已。但随着时间的推移，你会发现，报道其实并不能改变什么，有时甚至会起到相反的作用。这时，你可能会怀疑自己工作的意义和价值到底是什么。

不要着急。无论面对什么挫折和困惑，一定要坚持初心，正确评估认识新闻的力量：当心灵的天平发生倾斜时，要给理想一方添加些砝码；当各种诱惑纷至沓来时，要坚持责任的担当。一篇报道，也许只是传达了普通民众的呼声，也许只是帮助一个身患重病的人筹集了一部分手术费，看似微不足道，但应当坚信，坚持下去就能汇聚成推动社会进步的力量。如同一扇紧闭的门，虽然没有能力一下推开，但每天推开一点点，阳光和空气就能多进来一点点。记者，有责任推开一扇扇紧闭的门。

（二）要有悲天悯人的情怀

调查性报道的题材，基本上都是具有代表性的事件，事件背后是公共利益。

从事调查性报道的记者应该具有悲天悯人的情怀，关注底层，关注民生，用自己的笔记录普通民众的呼声和诉求。

记者还应有平等意识。无论是面对引车卖浆者，还是高官富商，他都能够平视所有采访对象，用同样的心态对待他们。弱者面前心怀悲悯易，强者面前保持平视难。无论面对强弱穷富，记者的眼睛不应有高低。

记者要有人文关怀。人文关怀，就是对人的生存状况的关怀、对人的尊严与符合人性的生活条件的肯定，甚至是对人类的解放与自由的追求。调查记者面对的，往往是一个个具体的事件、案件，而每一个事件背后，都有着不同人物的悲欢离合，记者应更多地从人本角度、个案角度去透视人物、事件、时代、历史的相互关系，展示事件中的人物命运和心路历程。

第四节　未来记者什么样

随着互联网技术的发展和应用，传统媒体面临越来越大的挑战。印刷版的萎缩和报纸网站的兴盛，意味着报纸这种最传统的新闻媒介可能因技术而衰，也可能因技术而兴。互联网分流了报纸的读者，但报纸也能利用互联网为自己开创新的生长空间。① 信息技术的发展，对新闻生产的每一个链条都产生了重大影响。5年前，记者可以就某一事件深入采访一周，但仍能拿出一篇独家报道。而现在的情况是，新闻当事人可以利用微博等工具实时播报新闻事件的动态，新闻线索一旦被媒体关注，不同的媒体会从不同侧面进行挖掘。

以"冀中星事件"为例。

2013年7月20日18时24分，山东省鄄城县人冀中星在首都机场3号航站楼到达大厅B出口外引爆自制爆炸装置，本人受伤，未造成周围人员伤亡。

现场目击者网友@mild_luna微博称："机场T3 B口到达大厅一个人拿着炸弹，就在我眼前爆掉了。他拿着炸弹在出口嚷了很久都没有人理，一直到把炸弹外面包着的白色塑料打开，周围的人发觉不对劲，保安才匆匆跑过来。保安只说了不到两句话，炸弹就爆了。"

该微博在发出后不久即被删除。但现场图片随即在微博上广泛传播。

央视新闻从北京警方处获悉，该男子名叫冀中星，1979年生，山东菏泽人。新华社报道称，该男子因有意见诉求，在现场发放传单被阻拦，随即引爆自制爆炸装置。

19点16分33秒，南都网发布综合消息称，2006年，冀中星发表博文称，

---

① 蔡雯：《媒体融合与融合新闻》，人民出版社2012年7月第1版。

自己曾在东莞被治安员殴打致终生残疾。

7月20日晚10点，南方都市报记者孙旭阳接到采访任务，连夜出发前去山东鄄城县富春乡大冀庄村采访。① 7月21日7点多，孙旭阳赶到冀家。在距离冀家百十米的地方，孙旭阳截住了从镇上回来的冀中兴的父亲冀太荣。此前，冀太荣刚刚被派出所喊到乡里以躲避媒体。在记者与他相遇时，派出所的人已上班，赶到他家，在房前屋后拉上了警戒线，等着冀太荣回家。而随后赶到的记者只能等警方解除封锁后才能进入冀家。

7月22日，《南方都市报》刊发记者孙旭阳的深度报道《冀中星引爆前12小时》，记述了冀中星在首都机场引爆爆炸物自残前12小时的行踪。

在信息传播速度较慢的时候，类似事件从发生到报道，至少要两天。而现在几乎是现场直播，留给记者的反应时间被大大压缩。

新媒体的发展不仅仅提高了新闻的时效性，更重要的是，它要求记者的观念、能力都要有质的改变。

在观念方面，纸媒的出版周期以天为单位，今天的新闻只能在明天的报纸上发表，但事实上，读者可以从网络上方便地看到最新动态。因此，面对公共信息，纸媒的记者应当改变观念：弱化众所周知的新闻，强化独家报道和深度分析。

2013年7月2日上午，唐慧诉湖南省永州市劳动教养管理委员会劳动教养行政赔偿案二审在湖南省高级人民法院公开开庭。

6月27日，湖南省高院在网上公布了这一消息，媒体予以了报道。

开庭当天，35家媒体的50名记者旁听了庭审，包括新华社、央视、红网、湖南人民广播电台等媒体。

通讯社、广播、电视等媒体对庭审进行了全面报道，网络媒体更是发挥了信息及时、海量的优势，向读者全面介绍了案件审理过程。

对纸媒来说，怎么报道庭审是一个严峻的考验：如果是介绍庭审情况，相当

---

① 孙旭阳：《车上的陌生人——冀中星采访记》，《南方传媒研究》2013年第9期。

于详尽地告诉读者一个"旧闻";不报道,就是漏掉了重要新闻。

21世纪经济报道记者周慧、丁壮从一个全新的角度在这次新闻竞争中脱颖而出:庭审情况寥寥数笔带过,重点算"维稳唐慧"的经济账。

《维稳一个唐慧 6年耗资80万》中这样描述:

> "唐慧们"多因对司法判决不服上访,其直接结果更多的是和基层官员博弈。据魏斌透露,这些年单单稳控唐慧的经费,虽没有做详细统计,估计耗资已过80万。
>
> 7月2日晚,唐慧上诉湖南永州市劳教委案二审在湖南省高级人民法院庭审结束。记者致电唐慧老家富家桥镇党委书记魏斌,魏斌表示对此"不关心",然后挂断电话。
>
> 唐慧是永州市零陵区富家桥镇人。事实上,在唐慧6年的持续上访和司法诉讼进程中,和劳教委、媒体、网友一样关心她的,还有富家桥镇的官员们。

此前的2013年4月19日,《新京报》发表了记者涂重航的报道《"稳控"唐慧拉锯战》,首次从维稳的角度报道唐慧案。

> 4月13日,唐慧诉劳教委案败诉第二天,富家桥镇党委书记魏斌给唐慧打电话,唐未接,他给唐慧发短信说:"知道你心情不好,但是我们还是要相信法律,依法办事。"
>
> 4月17日,富家桥镇党委书记魏斌说,他们经常开导唐慧要相信法律。他说,希望唐慧无论任何时候,都在法律范围内行动,维权的同时保护好自己。不然,公检法司机关又要追究唐慧的责任,然后唐慧出来了再去上访,镇政府又要为她上访负责。
>
> 败诉后,唐慧提到过要再上访。4月12日庭审结束后,她情绪激动,

面对镜头她说,"我还要去北京,不管多艰难"。

……

唐慧还特意谈到镇上的干部。她说,这些年来特别感激他们,对她提供很多帮助,是真正尊重她的人,"他们知道我并不偏激"。

唐慧准备把花店继续开起来,好好生活。她说她也不想再给这些镇干部们添麻烦了。

实际上,这种避开锋芒、另寻视角的做法只是一种过渡性观念更新,因为它仍然是以纸媒的传统眼光操作新闻。面对互联网的冲击,纸媒记者要做的,也许是要根据网络传播的要求,重新打造新闻生产的各个链条,新闻的采写、编辑将会是一个动态的过程,表现形式不仅有文字、照片,还会有音频、视频、动画、图表等,一条新闻时时更新最新进展,读者随时参与其中。

需要记者掌握哪些技能呢?

也许未来,一个记者外出采访,需要带一个大包:不仅有照相机、录音笔,还要有摄像机,功能强大的笔记本电脑,装有非线性编辑软件等,还能随时上网,迅速传送稿件。

1999年12月,人民网派出两名记者报道澳门回归,记者不仅携带了采访、摄像、写稿的设备,还配备了显示器、非线性编辑机等编辑工具。记者要写稿、拍照,还要编辑视频。他们的全方位报道引来了同行的关注。《北京青年报》以"我国新闻媒体又创第一 人民日报派出网络记者参与澳门回归报道"为题进行了报道。

十几年过去了,技术的发展已经大大减轻了记者的负荷,一台笔记本电脑、一部智能手机,几乎能替代以往的几件设备。

也许在不远的将来,中国的调查记者将变身"超级记者"(super reporter)或"背包记者"(back pack):他们一两个人就能完成文字、图片、音频、视频等报道任务,为受众提供一条新闻的全方位视角。

以较早推出全媒体记者的《杭州日报》为例：

2009年12月19日下午3点，杭州发生重大自来水事故：千吨沙山压爆城北主进水管，城北大面积停水。

时值周末，出事地点在城郊接合部，这时叫摄影记者赶来，时间来不及。全媒体记者张蔚蔚拿起摄录机坐了一个多小时车赶往出事地点，抢到了第一手的照片和视频。

拍了半小时后，开始文字内容的采访。当晚回来，记者先写供报纸刊发的文字稿，然后剪辑视频，当天就把视频和照片上传到杭州日报网，这时已是晚上10点。

12月20日，《杭州日报》"都市·热线新闻"版《新闻1+1+1》栏目推出了张蔚蔚的报道：《小沙场7年变身大沙山　昨晨千吨沙山压爆城北主进水管　多户人家自来水流变小，六楼七楼干脆停了水　预计今天晚上12点前完全修复》。

署名是"全媒体记者　张蔚蔚　文＋摄＋视频"。

由于全媒体记者的出现，《杭州日报》创造了新的新闻报道模式：最长的文字消息不超过三五百字，有的只有标题和副标题。然后把记者采写、拍摄的更多文字、图像、声音等内容"链接"到网络上，报纸稿件末尾都有指向网络版的链接路径。每个记者在网上开设新闻博客，把报纸上放不下、发不全的声像、图文全部传到网络版或记者博客上，真正做到报网互相补充、互相联动。[①] 当然，目前也有人对"全能记者"这一概念提出质疑，认为每个人"术业有专攻"，而且社会的发展趋势是社会分工越来越细，未来新闻的采集更多应是集体协同作战，没有必要让一个人掌握所有的技能。

笔者认为，随着技术门槛的不断降低，以前只有专业人员才能掌握的技术，如视频的拍摄、剪辑等，普通人经过简单培训甚至是自学，都能进行基本操作，如同驾驶汽车，由过去的工作变成了今天的技能。未来，文字、音视频的鸿沟打

---

① 张蔚蔚：《"新闻1+1+1"：纸媒的魅力创新——一个全媒体记者转型的实践与思考》，《新闻实践》2010年第7期。

通后,"全能"也变成了标配,那时的新闻竞争,将会是一种全新的态势。

未来十年、二十年,新闻的生产方式会怎样?毫无疑问,技术的发展会带来翻天覆地的变化,受众获取新闻的首选方式不再是报纸、电视,而是手机等移动终端。他们既是内容的消费者,也是内容的生产者——一条新闻出来,受众可以参与讨论,也可以提供思路、事实,帮助编辑、记者进行实时更新。更多的时候,他们是新闻的生产者,对身边正在发生的新闻,通过社交平台进行文字、音频或视频直播。

人人都是记者,记者的专业要求将会更高,不仅要善于梳理各种信息,更能挖掘背后错综复杂的关系。有法律、金融等专业背景的记者将会有更广阔的发展空间。

第五节　新媒体环境下的新闻采写实践

2015 年 5 月 9 日，清华大学新闻学院发布的《传媒蓝皮书 2015》称，2014 年是传统媒体与网络媒体霸主地位交替的重要节点，互联网生机勃勃，报纸广告额出现"断崖式"下滑。

这似乎印证了报纸即将消亡的判断。1994 年 4 月 20 日，中国通过一条 64K 的国际专线正式接入互联网，多数人包括很多记者对互联网一无所知。但在同一年，最早关注互联网与新闻传播关系的学者已经预言：现存媒体将化为乌有，专业新闻工作者将化为泡沫[①]。

20 年过去，互联网已在中国高度普及，"报纸消亡"的预言还未实现。必须承认的是，互联网正在加速制造新媒体，从门户网站到博客，从微博到微信，新媒体在不停迭代的同时，正深刻影响、改变着新闻生产的方式。

2012 年微博勃兴时，中国的新闻传播学者讨论互联网对中国新闻业的影响时，观察到的现象还是新媒体对新闻的消息源、文本形态、新闻背景、反馈与民意等方面带来的影响。[②]现在看来，这种影响还是非常表面化的，记者更多地把微博这样的新媒体当作采访的辅助手段使用。

短短两三年过去，新媒体对新闻生产的影响迅速由表及里，不但深度渗透到采访的各个环节，更是反客为主，取代了传统媒体的主导地位。

从生产主体看，新闻的生产者不仅仅局限于新闻机构，"人人都是记者"只是挑战记者存在价值的开始，政务公开意识增强、方式多样成为媒体挑战赛的升

---

① 朱光烈，《我们将化为"泡沫"——信息高速公路将给传播业带来什么？》，载《北京广播学院学报》1994 年第二期。
② 张志安，《互联网如何影响我国新闻业》，载《传媒》，2012 年 12 月。

级版。

从生产环节看，新媒体强调以用户为中心，新闻作品变成了产品，如何销售出去成为生产者必须关心的问题，由此带来生产流程的改变，一次采集、多次生成、多元传播的"中央厨房"模式成为传统媒体转型新媒体的主流。

更为重要的是，新技术的出现，新媒体的发展，颠覆了传统的新闻理念，新闻从业者和研究者需要重新定义原本毋庸置疑的新闻学基本概念和规范，比如，电话采访以前至少是不鼓励的，而现在的即时新闻主要依靠电话采访；以前的新闻是用来看的，现在的新闻要吸引读者来玩儿……

一、新闻生产的主体正在改变，传统媒体不再垄断新闻

互联网的本质是自由分享，去中心化，如同没有人能够垄断真理一样，今天没有人能够垄断新闻。新媒体的大量涌现，更是让混乱的信息得以专业化地梳理，以符合新闻规范的形式迅速传播。

传统媒体时代，在中国，某些新闻只能由某一级别的媒体报道成了惯例。媒体垄断了资源，就垄断了新闻的发布权和解释权，别人无权、也无法竞争。因为内容的独家和重大，部分传统媒体靠政策资源获得了新闻发布的权威性。这些新闻，如果相应的媒体不发布或选择性不发布，公众就不知道它曾经发生过。

新兴媒体机构和非媒体机构的迅速崛起，改变了这一固有模式。我不是记者，但我发布新闻：点击鼠标、拿起手机，普通人可以把自己知道的、亲眼看见的新闻图文并茂地发布出来。2014 年，13 万个经新浪微博认证的政务微博，正在成为信息发布和政务服务的新渠道。它们以传播的及时迅速、手段的灵活多样，对传统媒体形成了巨大冲击。

比如，新华社一直是权威消息发布的平台，"据新华社消息"也是权威的代名词。一些级别较高的官员涉嫌违法犯罪，接受组织调查的消息通常由新华社发布。但近年来，中央纪委监察部的网站成了第一消息来源，新华社引用的也是中

央纪委监察部网站消息，与其他媒体站在了同一起跑线上。

不仅如此，中央纪委监察部网站有意识地坚持在一段时期里相对较多地在每周五公布最新案情。几周下来，敏感的媒体和网民发现了这个规律——周末"打老虎"，周一"拍苍蝇"，并且开始定时守候。这种"点击期待"也迅速成了一个公共话题，进一步扩大了网站的影响力。中央纪委宣传部、中央电视台联合摄制的电视专题片《作风建设永远在路上--落实中央八项规定精神正风肃纪纪实》第三集《狠抓节点》中，将其称为"巧妙运用传播规律"。

有人说，中央纪委监察部网站成为社会关注热点，再次说明"内容为王"才是颠扑不破的真理。后来才发现，在新媒体运用方面，该网站比很多传统媒体走得更远。2015年4月19日，中央纪委监察部网站在发布"2015年三月查处的违反中央八项规定精神问题1931件"新闻时，还配发了两张"图解"，让读者更直观地了解这一新闻。有记者评价，中纪委网站干了媒体该干的事。

再如，长期以来，国务院总理的（文字）新闻只能由新华社播发，但现在这种情形正在发生改变：2015年5月6日，李克强总理在国务院常务会议上痛斥某些办事机构办事难，要求"证明你妈是你妈"的新闻，是由中国政府网采写、刊发的。

这篇报道，以新闻的视角、娴熟的手法，为受众提供了一篇有血有肉的会议报道。这篇署名"李之南"的报道甚至罕见地出现了会议现场的描写：

"我看到有家媒体报道，一个公民要出国旅游，需要填写'紧急联系人'，他写了他母亲的名字，结果有关部门要求他提供材料，证明'你妈是你妈'！"总理的话音刚落，会场顿时笑声一片。

"这怎么证明呢？简直是天大的笑话！人家本来是想出去旅游，放松放松，结果呢？"李克强说，"这些办事机构到底是出于对老百姓负责的态度，还是在故意给老百姓设置障碍？"

再看新华社关于这次会议的报道，完全中规中矩且没有这些生动鲜活的内容。可以想见，如果依然是新华社一家报道，公众只能从官样报道中了解总理的发言，受众无法评价新华社报道是否漏掉了重要信息。从另外一个角度看，中国政府网的同题报道，无疑是对新华社的一个强烈冲击，新华社必然要思考如何改进报道，更加吸引受众。

同样的，还有新媒体"学习小组""侠客岛"等关于习近平的报道、分析，都是对人民日报、新华社等传统媒体部分固有地位的冲击。

中央电视台新闻中心策划部、网络新闻部主任杨继红认为，现在，无处不在的新媒体用海量信息倒逼我们的权威地位；无处不在的自媒体倒逼我们的时效优势；新媒体的亲和力、互动性倒逼我们的用户接触能力。

二、新闻不仅是新闻，也可以是资讯

传统的新闻传播理论认为，新闻是一种特殊的信息，只有进入新闻传播中才得以实现。关于新闻的定义很多，比如得到很多人认可的陆定一的界定：新闻是新近发生的事实的报道。新闻应该是最近发生的事实，但新媒体平台中，经过梳理整合的内容也会得到广泛传播。比如，中国青年报官方微信曾发布过"高校中的情人坡"，阅读量超过十万。按传统的新闻观念，是不可能发布这样的内容的。

与传统媒体处理方式不同，新媒体的新闻专题多采用"1+N"的模式。一条硬新闻后面，会列出几条同类新闻，但这些新闻更像资讯。同时，越来越多的资讯跻身"新闻"行列。比如，网易新闻客户端的"头条"下，有一条是《一见你就笑：表白的正确姿势》，导语是：记我的第N次表白失败。狗，果然还是单身的多。还有一条是《为何亲友总热心干预我的生活》，导语是：这样做更多时候会给他人带来困扰，侵害他人的正常生活。

这些内容，按传统的理念，是断然不能和新闻混在一起的。新媒体这样处理，是要给正餐配甜品吗？当然不是。原腾讯副总编辑李玉霄说，"在互联网上，媒体属于信息类，阅读新闻的需求从来不是第一位的，第一是社交、音乐、网络、邮件、视频、娱乐，然后才是看新闻，甚至可能还要再往后。也许有一天，新的媒体形态生成之后，新闻只不过是其中的一个插件而已，就像现在的朋友圈对微信而言是个插件一样。"①

传统媒体的受众，以消费新闻为主；新媒体用户，以获取资讯为主，获取新闻只是其中很小的一部分。要想提高新闻的粘性，就要多提供用户需要的产品。

也就是说，未来的新闻生产者，不能只提供传统意义上的新闻产品，也要通过信息的整合、梳理，向用户提供各种资讯。媒体发展要赢得未来，必须把占有用户、发展用户、集聚用户作为重要抓手，贯穿于媒体融合发展的全过程。

三、从作品到产品，新闻生产的观念和流程都在变

广义的新闻生产，指的是新闻机构及其从业者对新闻的选择、加工和传播。传统媒体运行中，新闻的选题发现、价值判断、采访、写作、编辑，本身是一个闭合的系统，受众无法参与，也无从知晓。对记者来说，一篇报道是一个作品，记者的工序完成后，加工打磨，乃至销售，已经不属于自己工作范畴了。

但现在用户是中心了，越来越少的人读报纸杂志，越来越多的人在刷手机，你无法强迫任何一个人在他不喜欢的新闻标题上多停留一秒。新技术、新媒体带来了用户阅读场景和阅读需求的变化。2013年，艾瑞咨询集团关于"用户使用手机上网的使用场景"的调研表明，移动互联网已经渗透到24小时中的各个时段和家中、工作场所、交通工具、公共场所、户外、学校等各种场景。无论是候车厅、飞机场候机厅，还是汽车站、银行办事大厅，反正你站着等的时候，你就不由自主拿出手机来了。

受众的阅读碎片化，新闻报道就不能长篇大论。你必须要考虑消费者的感

---

① 李玉霄，《世间已无纯媒体》，载微信公号"仟言万语"。

受,否则用户会用脚投票。

有了产品,首先要考虑的就是销售——有没有人愿意买?过季的商品还能打折,滞后的新闻没人关注,加强时效性是必需的。

以往,作为作品的新闻报道,标题制作的关键是要提炼出"新闻点",最好是给读者造成视觉冲击,让读者产生阅读的兴趣。在新媒体环境中,首先要考虑的是有没有"卖点"。卖点,和新闻点统一时是"关注点",不统一时就成了标题党。

新媒体甚至对新闻的篇幅都重新进行了规范。以深度报道为例,顾名思义,深度报道应该有一定的篇幅,虽然不是文章越长越有深度,但必须有一定的文字量才能表达复杂的内容。以中国青年报的深度报道为例,通常一个事件会有8500字的容量。这样的篇幅,在报纸上,如果题材重大、制作精良,还是能吸引读者的,但对通过移动客户端看新闻的人来说,无疑是一场酷刑,没有一个人有毅力、有兴趣读完。因此,当网络媒体开始原创深度报道时,首要的是压缩深度报道的篇幅。比如,搜狐的深度报道要求控制在2500字以内,因为太长会影响阅读。

记者需要关心自己稿子的点击率、转发率吗?传统媒体时代,报纸就是渠道,发行量就是影响力,记者只要安心写稿就可以,无须过多考虑读者的反馈。但是,新媒体时代,新闻的时效、标题的制作、篇幅的长短,都会直接影响报道的传播效果。而且,所有的传播效果几乎都可以量化,这些数据反过来可以校正选题的判断标准。

新闻发生了,记者无论反应多么迅速,都有时间上的延迟。有些延迟是致命的,因为你可能被网友抢先发布,有可能被同行抢走第一落点。新媒体手段可以弥补这个遗憾——新京报"即时新闻"团队就是在这种情况下出现的:十几个人,每天针对当天重大新闻热点,通过连线的方式联系新闻当事人,与其对话,最后把报道放进"媒目""盘点"和"图个明白"等栏目中。

新京报新媒体内容中心副总监刘刚说,以前做记者时很单纯,记者只要把稿子写完了,就不用管了,剩下的是编辑和领导的问题,我不在乎它的流量有多少,发行量多少,转载率多少。

但现在，他的大部分精力花在建立渠道和资源，联系各大门户和客户端。"我们现在有能力让我们的稿件在两分钟内上到各大门户的首页"。

这种转变，来自新媒体带来的压力。"你晚一分钟，晚一秒钟，门户抓取了同质媒体的报道，把别的报道置顶以后，你的稿子就会垫底。垫底就意味着没有流量，没有关注度。同样花精力做的事情，没有关注度、没有传播，还有什么意义呢？"[1]

新闻学的一些传统理念正被颠覆。

新闻的价值判断，曾是一个专业性很强的事情。记者要根据事件的时效性、与受众的接近性、自身的冲突性、趣味性等维度，判断一条新闻是不是值得采写。这既与记者的新闻敏感有关，又体现着一个记者的能力水平。

新媒体的出现，可以让编辑通过数据指标对选题作出判定。比如，某一天，全国发生了若干起重大交通事故，是选择发生在河北的这起事故进行报道，还是选择河南的那起事故进行报道？监测结果表明，网民对河北的这起交通事故关注程度更高，当然要选择河北的这起事故进行报道。

ZAKER 总编辑叶伟民提出，要学会和机器人做朋友，因为"机器就像我们通向用户的桥梁，如何利用好它们，决定着服务用户的方法和手段"。

在 ZAKER，每一篇稿子发出后，机器都会记录详尽的数据——用户用拇指选择了他们认为有价值的内容，这种精准反馈又指导着服务提供商不断优化内容组织和推荐，实现一个始终正向的激发。[2]

数据新闻更是颠覆了传统的新闻理念。新闻是小概率事件，概率越小，新闻性越强。但在数据新闻中，恰恰是发生频次越高的事件越能成为吸引人的新闻。

新闻的娱乐化表达，曾被认为是低俗化的表现，但新媒体形势下，新闻需要而且也应该进行娱乐化表达和包装。

---

[1] 靳秒、李阳，《即时新闻：新京报的新媒体探索》，首发微信公号"新京报传媒研究"。
[2] 《从南周记者到 ZAKER 总编辑，两者体验有何不同？》，载微信公号"南都传媒公开课"。

2014年12月17日,美国总统奥巴马通过电视宣布,美国将与古巴恢复完全外交关系,并在古巴首都哈瓦那重设使馆。这一消息迅速传遍了世界。传统的新闻操作会怎样呢?报纸、电视会推出专题,请专家学者梳理美古关系的发展历史、分析美国突然宣布与古巴恢复完全外交关系的原因和背景、设想这一举措带来的影响等。

网易新闻客户端使用了娱乐的方式吸引受众:推出了一期围绕美古双方半个世纪以来经典新闻事件的H5答题游戏,用户通过10道简单有趣的闯关答题,对美古双方的政策举措及价值考量有所了解,继而激发他们对这一新闻的来龙去脉有个轮廓性的思考或兴趣。从H5专题的分享情况来看,这一新闻产品比同类题材单纯的文字稿获得的传播度高很多。[①]

媒体融合是一项"转基因工程"。新媒体的应用、发展,迫使传统媒体及媒体人转变观念、创新思维、掌握技术,这是一个痛苦而漫长的过程。但也只有经历这一过程,媒体才能焕发生机,成为拥有广泛受众和强大社会动员能力的力量。

---

① 龙志、许秋里,《网易:新闻产品的游戏化营销探索》,载《中国传媒科技》,2014年12月期"网易新媒体实验室"专栏。

第六节　记者的风险意识

有人说，中国是调查性报道的天堂，但不是调查性报道记者的天堂。转型时期的中国，各种矛盾集中爆发，各种利益纠葛纷繁复杂。大量事关公共利益的问题，只有媒体介入才能引起政府部门的重视，甚至有的问题只有记者调查才能厘清真相。但是，同所有公民一样，调查记者没有任何特权，同样要遵守各种法律法规。不仅如此，因涉及其他人的利益，调查性报道的记者还会面临人身伤害等未知风险。

《中国青年报·冰点周刊》初创时期，曾对记者素质总结为四个字："稳、准、狠、坏"，前三个字是说记者采访、写稿时要证据扎实、事实准确、不拖沓、不回避矛盾，最后一个"坏"字是要求记者不能过于单纯——只有知道坏人怎么坏，才能知道自己怎么防备。

一、法律风险

调查性报道，一般会触及某些人的利益，有的利益还会很庞大，作为反击，被调查者会提起民事诉讼。另一方面，记者可能会因掌握事实不全面、用词不当等原因，对被监督者造成实质性伤害，报道对象也会提起诉讼，主张自己的合法权益。

无论哪种原因，记者都会因报道面临官司。当然，记者的报道属于职务行为，记者服务的媒体会成为被告，而记者个人不会成为被告。当然，不同媒体对待新闻侵权官司的态度不尽相同，好的媒体只需记者提供相关证据，其他完全由单位负责；有的媒体要求采写报道的记者协助出庭应诉，更有的媒体规定记者个人承担败诉的费用（如在媒体刊登赔礼道歉的广告，费用由记者承担）。

有的官司会拖上两三年，如果一个记者陷入官司中，要耗费大量的时间和精力。因此，记者采访、写作时应尽量严谨，努力搜集、保存相关证据，这样即使面临恶意诉讼，也能使自己处于有利的位置。

2008年1月1日，法制日报社主办的《法人》杂志发表《辽宁西丰：一场官商较量》一文，因为这篇报道涉及辽宁省铁岭市西丰县委书记张志国，西丰县公安局以"涉嫌诽谤罪"为由对采写报道的法制日报记者朱文娜进行立案调查。

1月4日，西丰县公安局多名干警赶到法制日报社对朱文娜进行拘传，未果[①]。

如果朱文娜被抓到西丰，会面临哪些风险呢？有人推测，她可能被刑拘、被逮捕，会作出自己有罪的口供，甚至会被判刑。

转机发生在媒体报道之后。1月7日，《中国青年报》《新京报》刊发了西丰警察进京抓记者的报道。一时，警察抓记者事件成为舆论的焦点，相应新闻在各大门户网站跟帖如潮。

在舆论的强大压力下，西丰县有关领导于8日通过新华网表示，对记者的刑事诽谤犯罪立案和拘传"不妥"，已经予以撤销。

9日，西丰县有关部门到法制日报社赔礼道歉。

10日，经反复交涉，北京律师周泽在西丰县公安局拿到了朱文娜案《撤销案件决定书》。至此，朱文娜的风险才得以最终消解。

后来，西丰县委书记因"法治观念淡薄"被勒令引咎辞职，不久复出，被媒体曝光，又被免职。

---

① 刘万永：《报道涉及县委书记　西丰警察进京抓记者》，《中国青年报》2008年1月7日。

二、社会评价风险

调查性报道记者的职责是调查事件的真相，但真相有时和公众的既有认知或期待是不一致甚至相反的。也就是说，记者报道的是自己确认的真相，但舆论并不认同，舆论转而会质疑记者的职业能力、职业操守，这种质疑有时会累及记者的家人、所在媒体等。记者对此应有心理准备。

2010年2月，网络上出现一个名为"令我十分震惊的任命公示"的帖子称：今年2月初，山东省新泰市公示了公开选拔的领导干部拟任人选，新选拔的6名副局长和1名法院副院长中，有6人是"80后"，最年轻的国有资产管理局副局长王然，只有23岁。

一时间，学历造假、官二代、背景深厚等传言在网络世界甚嚣尘上，尤其是两名新泰籍女生，23岁的王然和生于1984年12月、被选拔为新泰市人民法院副院长的刘婷婷，更被"知情者"挖出了"背后猫儿腻"，其大致版本为：

刘婷婷的姑父为原任新泰市政法委书记、市委常委、副市长，现任泰安市岱岳区人大常委会主任的苗丰平，其姑姑为原新泰市教育局书记、市妇联主席的刘凤琴。男友则是泰安市泰山区人民检察院检察长的儿子。

王然男友的父亲则被指是新泰市委组织部副部长王悦瑞。

2月25日，中国青年报两名记者赶赴新泰进行调查，并且把调查重点放在王然和刘婷婷两人身上。

记者调查结果显示：刘婷婷来自单亲家庭，生活贫困。她的多名邻居表示从没听说过她们家有什么当官的亲戚，也没听说刘婷婷目前有男友。王然的三姥爷家与王然家住对门，他向记者介绍，王然家有姐妹两个，王然是老大，这孩子从小就不孬，年年拿奖状回来。她家里也没有什么当官的亲戚，因为拆迁还建，才得以改善住房。

调查还表明，没有发现两人学历造假。① 然而，这篇报道遭到了很多人的质疑，至今还能在网络上检索出当初的质疑文章。

报道称："刘婷婷的家位于新泰市翟镇大港村。2月26日下午，记者赶往该村进行采访。在村口下车后，有一条水泥路直通村里。由于不认识路，记者向一个身材干瘦的老大爷打听，不承想，老人正是刘婷婷的爷爷。"有人因此质疑，记者打听刘婷婷的家，正好问到了她的爷爷，怎么会这么巧，肯定是记者安排好的。

事实上，面对传言，记者能做的是尽力求证，但有时不能解答所有疑问。记者的报道，应该坚持自己内心确认的内容，不能屈服于舆论的压力。

三、人身伤害

记者因报道遭受人身伤害的事件时有发生。如被推搡、殴打等。

遇到这种情况，建议尽量避免发生直接冲突，遭受伤害。冲突发生，如不能占有优势，最好尽量逃离现场，减少伤害。

事实上，明处的危险并不可怕，可怕的是你不知道危险在哪里——不知道存在哪些潜在危险，也不知道何时会发生，就无从防范。

比如，记者调查某地的腐败问题，住在宾馆。被调查者躲在幕后，向警方举报该房间有嫖娼、贩毒嫌疑，警方会进行认真调查——根据《中华人民共和国警察法》第9条规定，为维护社会治安秩序，警察对有违法犯罪嫌疑的人员，经出示相应证件，可以当场盘问、检查；经盘问、检查，有下列情形之一的，可以将其带至公安机关，经该公安机关批准，对其继续盘问：(1) 被指控有犯罪行为的；(2) 有现场作案嫌疑的；(3) 有作案嫌疑身份不明的；(4) 携带的物品有可能是赃物的。

对被盘问人的留置时间自带至公安机关之时起不超过24小时，在特殊情况

---

① 叶铁桥、雷宇：《新泰拟任80后领导背景调查》，《中国青年报》2010年3月1日。

下,经县级以上公安机关批准,可以延长至 48 小时。

也就是说,一旦记者因此被警方调查,可能 24 小时或 48 小时不能正常工作,调查行为客观上迟滞了记者的调查进展。

那么,记者该如何规避这类风险呢?

首先,记者应规范行为,不做违法犯罪或者有伤风化的行为,从根本上杜绝被调查的可能。

其次,要注意取证。如果有陌生人要进入房间,应通知宾馆服务员或其他工作人员前来,让他们帮助确认陌生人身份。同时还要开启至少两个录音设备,全程录音,留作证据。

最后,要注意配合警方办案,不要发生正面冲突,取得警方理解和支持。

四、其他风险

记者采访需要经常出差,要注意交通安全、饮食卫生和安全。

记者尤其要了解民族、宗教等政策规定,了解不同地区的风俗,避免犯错。

采访中,记者可能会接触涉密信息,如参观军事单位、接触有密级的材料,要遵守相关规定,不该进入的场所不要进入,不该看的地方不看,尤其是不能违反规定拍照、录像。

记者要增强保密意识。报道涉及国民经济和社会发展的一些数据、重大科技发明、部队番号、装备等,要向相关部门确认是否能够公开。

需要强调的是,这里所说的公开,不仅仅是指记者在报道中引述相关内容,也包括记者在微博、微信等上发布涉密内容。

1981 年 7 月 8 日,香港《经济导报》详细报道了国务院批转国家计委和中国银行等单位《关于加强外汇兑换券管理工作的报告》(国发〔1981〕100 号文件)的内容。10 日,《大公报》也以"北京专电"形式登载了同样的消息。

外币的兑换和管理是一项很复杂的工作,直接影响国家对内对外的信誉和经济利益。抢先报道外汇兑换券管理新办法，是一种泄密行为。

原来，当年 5 月 29 日，国家计委和中国银行等单位向国务院提交了《关于加强外汇兑换券管理工作的报告》，经国务院批准，决定从 7 月 15 日起施行。某社记者张某在中国银行采访得知此事后，既不征求银行的意见，又未经有关单位批准，擅自写成稿件寄往香港，造成泄密。

最终，张某受留党察看一年和行政记大过一次的处分，并被调离记者岗位。

1988 年，我国才有了《保密法》。如果在《保密法》公布之后发生此案，记者或许面临牢狱之灾。

第二章　调查性报道的采访

两个桌子的桌面，看起来完全不一样，实际桌面的大小、形状完全相同。

斯坦福大学的心理学家罗杰·谢泼德创作了这幅幻觉图，被心理学界称为"谢泼德桌面"，它要证明的是：你的大脑并不按照它所看到的进行逐字解释。

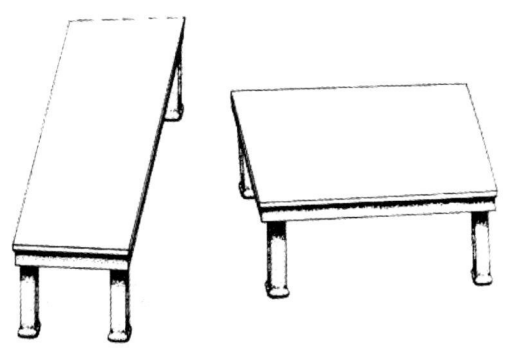

图2.1　谢泼德桌面

从新闻学角度来说，谢泼德桌面告诉我们：

（1）你的眼睛可能会欺骗你，你以为自己看到了真相，其实是假的。有时候，无限接近事实，记者深入现场，都不能等同于找到了真相。因此，记者成熟的标志，就是不再轻言自己掌握了所有真相。

（2）同一事物，从不同角度观察可能会得出不同结论。因此，写人写事，都应从不同角度采访开始。仅从单一角度思考问题，得出的结论可能是片面的。

调查性报道，需要记者揭开事实真相。但真相往往被千方百计地掩盖，怎么揭开？靠的是记者的专业精神、专业素质和专业能力。在纷繁复杂的材料中梳理线索，关键环节掌握证据，满心失望的时候提醒自己再坚持一下，都可能让采访峰回路转。

警方曾提出一个口号：命案必破。这个口号固然激动人心，但并不科学，更不现实。同样，并不是所有的采访都能靠机智、耐心得以突破。但是，一个记者应该有强烈的好奇心和求知欲，并能持之以恒地付诸实践——真相不在当下，但我尝试知道。

《创造性的采访》作者肯·梅茨勒认为，采访并不像我们通常在电视上看到的那样：记者与采访对象一问一答，信息的交换和流通才是采访的最终目的；记者在采访中也不只是一个问话机器，他代表的是背后的读者和观众的利益。

代表读者提问，并不意味着只是去"问"。把采访简单地等同于问问题、记答案，是很多初学者的通病。记者采访，应该调动各种感官，问、听、闻、触摸等，观察采访对象的语速、声调、手势、衣着、所处环境等，并恰当地运用到稿件中。

第一节　怎样获得线索

一、怎样获得线索

线索是否及时、准确、丰富，对记者来说至关重要。爆出独家新闻，往往需要强大的线索搜集平台支撑。新闻竞争越激烈，媒体越重视线索的搜索、分析和整合。

（1）热线电话。媒体会公开征集新闻线索，公布热线电话号码。读者有时直接找某一个记者，提供线索。

（2）邮箱。报社或部门会设立公共邮箱，向读者公布。相较热线电话而言，邮箱能收到更详细的材料。

（3）来信。尽管使用电子邮箱的越来越多，但仍然有很多人通过信件反映问题。

（4）来访。由于案情重大或复杂，一些人希望当面向记者反映问题。

（5）网络。网络信息传播速度快、扩散面广。但由于网络的特点是开放性，对记者来说，它并不是一个获得独家新闻的地方。

（6）公开信息，包括公开报道、学术刊物、政府网站上公开的信息、司法判决书、企业年报等。

公开信息为报道提供了丰富的、鲜活的资源，只要懂得如何利用，就会发掘出有用的线索。

以公开报道为例：

2009年9月16日，《中国青年报》发表了《被免职当晚调动上百名农村教师进城——一个教育局长的"职务后"突击》,披露了河北邯郸武安市教育局局长冯云生在免职决定宣布后的当晚签署大批调令,将数百名农村教师调入城市。第二天,人事科长等人还专门现场办公,集中办理了冯云生签发的调令。在办理这些调令的过程中,存在着大量腐败行为。

这篇报道的线索,是《新快报》9月3日的报道。新快报记者根据网上一封举报信,向武安市教育局人事科和计财科求证,得到的却是否定回答:"网上都是瞎掰的,没有这样的事情……不知道有这样的调令。"

中国青年报编辑认为,事件可能并不是教育局工作人员回答的那样,决定派两名记者前去采访。经过多次追踪报道,冯云生被查出有经济问题,最终被判刑。

再如,记者要学会利用学术刊物,这个渠道本质上也可以归入"公开报道",虽然刊登的大多是专业性很强的文章,但有的正是公众关注的。

2012年,中央电视台等媒体报道了湖南省衡南县"黄金大米"事件。

2008年6月2日,衡南县江口镇中心小学25名儿童随午餐每人食用了60克"黄金大米"米饭。米饭是由美国塔夫茨大学汤光文在美国进行烹调后,未按规定向国内相关机构申报,于2008年5月29日携带入境,违反了国务院农业转基因生物安全管理有关规定。

由于涉及转基因食品安全、学术不端等问题,报道引起了广泛社会关注。

该事件被媒体发现,源于一篇学术论文:2012年8月,汤光文等在《美国临床营养杂志》发表了《"黄金大米"中的β-胡萝卜素与油胶囊中β-胡萝卜素对儿童补充维生素A同样有效》研究论文。记者通过论文作者、测试对象等信息,到实地展开调查。最后,中国疾控中心、浙江省医科院和湖南省疾控中心公开道歉,三名当事人被处分。

事实上,以上6种情况,是几乎每一家媒体都在使用的,但媒体不可能单纯依靠这些途径获得独家报道,它考验的是编辑记者的眼界和眼光,包括对宏观政策的把握及具体事件的判断能力。

比如，通过电话或邮箱获得的线索，内容往往趋同，集中在官员腐败、司法不公、拆迁等方面。真正能形成报道的很少，能成为独家的就更少了。但是，编辑能否从众多线索中挑选出"有价值"的信息或分析出带有普遍性的问题，是需要一定功力的。

互联网技术的发展让信息流通更加便捷，在"人人都有麦克风"的时代，越来越多的新闻当事人、目击者通过微博、微信传播的方式呼吁关注、传播信息，有的会在短时间内成为舆论热点，也有一部分网络事件是更大事件曝光的序曲。

一方面为了赢得报道先机，另一方面为不了漏发重大新闻，很多媒体针对网络新闻配备专门的版面和记者，如南方都市报设立了"网眼"，新华社成立"中国网事"项目组，中国青年报特别报道部开辟了《今日求证》专栏。

新华社中国网事项目组使用360的舆情监控软件，在使用技术抓热点的同时配备一定的人力作出新闻判断。

很多记者感叹，在今天，做一个独家新闻越来越难了。一方面，新闻竞争越来越激烈，记者很难就某一题目进行较长时间的调查采访。更重要的是，获得独家线索的可能性越来越小。

新京报的深度报道部以刊发调查性报道在业界享有良好的声誉。中国传媒大学网络舆情（口碑）研究所（IRI）的检测数据显示，2010年由《新京报》最先披露并引发网络热议的事件比例达12.5%，具有代表性的事件有石家庄原团委书记王亚丽骗官案、陕西渭南警察进京抓作家案等。

尽管如此，新京报深度报道部副主编李素丽在接受新华社新闻研究所热点问题报道研究课题组采访时也表示，如果再做一次同样的统计，《新京报》原发的网络热点比例将会大幅减少。因为来自网络特别是微博的冲击实在太大了，对任何一家媒体来说，独家和首发都越来越难。①

独家报道，是每一个调查性报道记者的追求。一个成熟的调查记者，往往能

---

① 朱国圣主编：《热点问题报道原则与操作规范》，内部资料。

够积累大量的人脉资源，从而获得独家线索。

这些资源包括：

(1) 律师。律师的主要工作是代理诉讼，有的官司是公众关注度很高的，从律师手里，能得到起诉书、判决书等相关法律文书。

需要注意的是，媒体与律师之间应保持一定距离，记者应独立客观地报道案情。

(2) 官员。官员参与规章制度的制订、政策的修改等，会掌握相关信息。

(3) 专家。现在，政策的制定、修改，都会征求相关专家的意见，他们会掌握相关的信息。另外，在相关领域，专家掌握的信息更全面、及时，应多听取他们的意见。

(4) 同行。由于不同媒体对新闻的价值判断有所差别，对新闻的自我审查标准不一，某一新闻线索，可能 A 媒体果断放弃，但 B 媒体就能报道出来。反之亦然。因此，同行之间可以交换选题。

2011 年 7 月 23 日，《中国证券报》刊发《永生投资 5300 万广告费去向不明　关联交易数据玩乌龙》一文，选题来自上海一家报纸股票版的一则小消息。永生投资 2010 年全年净利润不过 567 万元，而广告和业务推广费却高达 5327.27 万元，两者相差近 10 倍。记者由此切入，梳理了相关数据，采访了公司董秘、相关专家等，发表了这篇近 3000 字的报道。

(5) 曾经采访过的人。因为曾经和记者打过交道，他们知道记者对哪些新闻可能有兴趣。同时，他们熟悉当地情况，消息灵通，知道哪些是新闻。通过他们，记者也会掌握更多的线索。

建立人脉关系，需要一定时间的积累。重要的是，媒体本身和记者本人要有公信力，能取得别人的信任。

2007 年 2 月 27 日，新华社《新华视点》栏目播发了《贫困县刮起奢侈风——河南濮阳干部建豪宅机关　盖大楼》。稿件播发后，中纪委等部门派专人赴河南濮阳进行调查。包括濮阳两任县委书记在内的 18 名责任人分别受到党内严重警告、行政降级、撤销党内外职务等党纪政纪处分。濮阳县纪委办公楼和33套干部违规住宅被没收、拍卖。濮阳市委被责令向河南省委、省政府写出检查。

当年3月18日，中央办公厅、国务院办公厅下发《关于进一步严格控制党政机关办公楼等楼堂馆所建设问题的通知》。随后，中纪委、国家发改委等七部委联合下发《关于开展党政机关办公楼等楼堂馆所建设项目清理工作的通知》，在全国范围内开展清理工作。

6月1日，中纪委、发改委等七部委通报濮阳县违规修建办公楼及领导干部住宅等四起典型案件。

显然，这是一篇非常成功的调查性报道。线索就是源于记者个人的影响力。

2006年7月，从事花木种植销售的濮阳县金凌花园公司负责人向新华社记者李钧德投诉称，因抵制非法拆迁，金凌花园被濮阳县机关事务管理局强行堵门，造成企业价值200多万元的珍贵花木被盗毁一空，损失惨重。而濮阳县机关事务管理局之所以敢在没有合法手续的情况下强拆，且对地上物不予赔偿，是为了腾出这块地给县四套班子建别墅住宅。

这位负责人还说，因为涉及濮阳县四大班子，当地记者被告知不得介入，起诉到法院，法院也不予受理。无奈之下，只得求助新华社。

实地采访后，李钧德撰写了内参。8月23日，公开稿《县级干部建豪宅 民营企业灭顶灾》发表。此后，河南省委主要领导批示要求严肃处理。

更重大的新闻线索由此而来。

原来，濮阳读者主动致电记者，"金凌花园"案只是一个偶然事件，在此之前，濮阳县已经有近百名领导干部住上了豪华别墅，其中面积最大的超过600平方米。

还有的读者来电说，除了领导干部纷纷开建豪华别墅外，濮阳县各单位的办公楼也越盖越漂亮。为了盖大楼，有的单位不惜挪用下岗职工的养老金等"保命钱"，有的则四处"揩油"，增加企业负担。有的办公楼已经竣工几年，却仍在拖欠工程款。群众对此意见很大。

显然，从选题角度看，这个情况比"金凌花园"案更严重，更重大，也更有典型意义。

记者敏锐地感觉到,对濮阳县刮起的这股奢靡之风,有必要深入剖析。经过几次采访、修改,一篇影响巨大的报道诞生了。

实际上,这样的案例并非只有一个。《中国青年报》颇有影响的一些调查性报道,线索也是读者"送上门来"的。

以安徽阜阳"白宫书记"为例。

2008年4月22日,《中国青年报》发表《阜阳"白宫"举报人蹊跷死亡调查》一组三篇报道:

2008年3月13日凌晨4时55分,李国福在安徽省第一监狱医院死亡。李国福曾多次到北京举报安徽省阜阳市颍泉区委书记张治安违法占用耕地、修建豪华办公楼"白宫"等问题。死前3个月,失去自由的李国福曾写信给张治安忏悔,说是受人唆使举报他,请求张治安原谅。检察机关调查认为李国福属于自缢身亡,但其家属不认可"自杀"的结论,认为死亡原因蹊跷。

此后,《中国青年报》的后续报道不断推出,国内众多主流媒体包括新华社也不断跟进。在舆论关注下,由安徽省纪委牵头、安徽省人民检察院等组成的联合调查组进驻阜阳,对颍泉区"白宫"事件举报人李国福死亡事件进行调查,2010年2月8日,张治安被判处死缓。参与打击报复的颍泉区人民检察院反贪局局长郑涛,被处以党内严重警告处分,调离检察院;反贪局副局长徐光被处以党内警告处分,调离反贪局。李国福家属获赔88万元。

这篇报道的线索,是李国福家属直接向编辑部提供的。

2008年3月31日,《中国青年报》特别报道版刊发了记者李润文采写的《安徽界首、颍上法院院长:行贿事实曝光 "乌纱帽"照戴》一组4篇报道,4月10日,两名法院院长被免职,这在当地产生了巨大反响。

看到《中国青年报》的报道后,李国福家属联系到了中国青年报特别报道部,称李国福因举报区委书记被逮捕,而后死亡,家属认为是他杀。

编辑部初步核实后决定派记者前去采访。电话联系时,李国福家属一再要求记者采访时带上刊发《安徽界首、颍上法院院长：行贿事实曝光 "乌纱帽"照戴》的报纸，说这样能给当事人家属一些信心。实际上，这也是确认记者身份的标记。

记者的日常观察也很重要。很多时候，一个人的一句话，一个不经意间看到的场景，也许就是一个好选题。

2012年9月24日，《南方都市报》刊发了《安元鼎：北京截访"黑监狱"调查》《起底安元鼎》和《外包的维稳职能》一组报道，北京安元鼎保安公司在京设立多处"黑监狱"，以关押、押送到京上访者为主业，与地方政府签协议并收取佣金。

这一报道耗时超过半年，刊发后引发巨大反响。据新华网报道，北京市公安局以涉嫌"非法拘禁和非法经营"两项罪名对安元鼎公司立案侦查，安元鼎董事长张军、总经理张杰被刑拘。

事实上，这篇报道的线索来自一次聚会。2010年春节后的一天，时任南方都市报深度部主任喻尘（后离职）和朋友喝咖啡。朋友告诉他："在北京西南四环，有一个院子，关了很多上访的人，是一个保安公司办的。这个公司可能得到了官方的许可文件。"

喻尘认为，如果保安公司得到许可文件关押上访人员，相当于司法权外包，这将是一个令社会震惊的题材，而且，是一个值得付出一个月、数个月，甚至一年时间去做调查的题材。

2010年3月，南方都市报记者龙志（后离职）到北京采访安元鼎，为了便于采访，龙志在北京租了房子。同时，为了保密，他只与喻尘单线联系。历尽艰辛，半年后终于推出了这一轰动一时的报道。

二、新闻价值判断

新闻价值判断，是新闻报道的起点，能否正确、及时地作出判断，直接关系着一条新闻的生死。

什么是新闻价值？不同的学者有不同的解释。有人认为，新闻的价值就是选择新闻的标准。有人认为，新闻价值就是新闻报道的"潜在兴趣的程度"。

新闻价值的定义纷杂，对新闻价值的判断更是因人而异。

一条新闻是否有报道价值，是否能满足受众的需要，首先由记者作出判断。面对同一条新闻，有的记者认为意义重大，应给予高度关注；有的记者却不予理会，没有任何冲动。如此巨大的差异，原因在于，对新闻价值的判断受诸多因素影响，如记者的主观判断、情感体验甚至一时的心情。

记者对新闻价值的判断，并不等同于新闻价值本身。事实上，对一名成熟记者来说，长期的报道经验积累了对价值的经验认识；对一个媒体来说，稳定的价值观有利于从业者对新闻事件迅速作出判断：这条新闻，是否适合我们做以及如何操作等。

对调查性报道来说，新闻价值判断应掌握如下三个标准：

其一，这个事件是否涉及公众利益，是否给不特定人群带来影响（一般是坏的或负面的影响）。影响越大，新闻的价值也越大。

比如，山西问题疫苗事件。

2005年12月12日，山西省疾控中心下发文件：由所谓的"卫生部部属企业"北京华卫时代医药生物技术有限公司进行山西省二类疫苗的市场经营。

从2006年6月开始，北京华卫推出了山西疾控的专用标签，规定没有标签的疫苗不得在山西省使用。

2003年，北京华卫注册时，注册资金仅为50万元，但它在2006—2007年22个月中，创造了近一个亿的利润。

更为严重的是，北京华卫在贴标签时，使疫苗长时间脱离冷链系统，有可能导致疫苗失效，如果人接种了失效疫苗，会造成难以估计的后果。

事实上，媒体的报道显示，山西省有百余名儿童，在接种这些疫苗后出现病、残甚至死亡。由于没有权威机构对病残与接种此类疫苗是否有因果关系作出认定，问题至今没有明确结论。

我们看，在"山西问题疫苗"事件中，涉及的对象是不特定的，人数是数以百万计的。更重要的是，它涉及的不仅仅是一个所谓"卫生部部属企业"垄断山西疫苗市场，攫取不正当利益的问题，更是山西接种疫苗的适龄儿童的生命安全问题，值得深入挖掘。

其二，这个事件是否满足公众的知情权。知晓后受益的人越多，新闻价值就越大。

一对明星夫妻离婚的消息，能连续几天登上娱乐新闻的头条，关注度也不能说低。但是，很难说这类新闻满足了公众的知情权。

公众需要知道的，是涉及自身利益的决策、重大突发事件等。如果不能及时了解，会造成物质或精神的损失。媒体要做的是将真相公之于众，让受众自行作出判断。

比如，转基因食品的安全问题一直是社会的焦点。

2013年10月19日，"全国首届黄金大米品尝会"在华中农业大学举行，300多名转基因铁杆支持者参加了活动方组织的报告会，并参加了设在华中农大国际会议报告厅的"转基因大米晚宴"。中国科学院院士、华中农业大学生命科学学院院长张启发透露，2013年7月，我国61名两院院士联名上书国家领导人，请求尽快推进转基因水稻产业化。

有评论说，据"绿色和平"农业与食品部专家介绍，很多转基因水稻研究团队中的成员都有双重身份，他们既是国家机构的研究人员，又是种业公司的股东，由此质疑："不断从国家层面推进转基因水稻商业化，不是利益驱动，自己会信吗？"

这个质疑是否成立，记者可以对转基因水稻研究团队成员是否有双重身份展开调查。相信结果有助于公众对转基因食品安全与否作出判断。

其三，这个事件是否有足够的内容可供挖掘。利益链条越长，内容越复杂，新闻价值就越大。

有的新闻事件，如高速公路上的交通事故，关注程度很高，但因为原因单一，不足以构成一篇调查性报道。有的事件，虽然看起来并不显眼，可挖掘下去会有惊人发现。比如，2008年10月，网友"魑魅魍魉2009"在网上曝光了几份文件：浙江温州和江西新余两地官员打着考察的旗号出国旅游。由此引发了媒体的追踪，包括对公款出国考察的审批、监管等制度建设的讨论。此后，新余市涉事官员被免职，违规到旅游景点活动的经费全部由当事人负担。

2009年10月、11月，中纪委、监察部专门召开制止公款出国（境）旅游专项工作汇报会。有关领导要求，严格禁止一般性考察和重复考察，严格控制团组在国（境）外停留时间。

记者对新闻价值的判断是否准确，在某种程度上决定了是否能抢到独家报道。对新闻敏感的记者，能从不起眼的小事上洞察到背后的大新闻；判断能力差的记者，再好的新闻线索摆到面前，最后也只能白白浪费。

记者需要具备哪些素质，才能作出正确的新闻判断呢？

首先，记者应有职业精神和职业状态。新闻随时发生，不会因为你是记者就自动找上门来。一名记者，只有随时张开新闻触角，保持对新闻事件的实时扫描，才有可能不会漏掉重要新闻。

其次，记者要有辨别真伪的能力。一个新闻事件，其价值往往被各种因素影响或遮蔽，核心事实有可能在传播中被扭曲，核心价值有可能被转述者忽略。记者为了确认真正有价值的东西，需要辨别哪些是真实的，哪些有可能需要进一步挖掘，甚至需要到新闻现场进行初步核实。

最后，记者要有足够的阅历和经验。每一名成熟的记者，都是从稚嫩阶段成长起来的，都会有错失好故事的懊悔，也会有抓住好线索的欣喜。无论经验还是教训，都有助于将来对新闻的判断。因为，一个人的经验、眼界，决定着看待问题的深度和广度。

对调查记者而言，现在最大的问题是，很多人热情有余，却经验不足。经验稍有积累，热情早已消耗殆尽。如何在调查记者的路上超过5年，似乎已经成为一个重大而紧迫的问题。

2012年年底，广州市城管局综合执法局番禺区分局原政委蔡彬，被网络举报其个人及家属名下拥有房产21套，引爆了"房叔"案。此后，广州市、区两级纪委迅速介入，宣布蔡彬及其家人拥有多套房产的情况基本属实，但在"领导干部个人情况申报"中只申报了一套。蔡彬因此成为违反领导干部财产申报制度被免职的"第一人"，后被移送司法机关处理。

2013年9月12日，广州市海珠区人民法院一审宣判，蔡彬因收受他人财物共计275万元，犯受贿罪，判处有期徒刑11年6个月，并处没收个人财产60万元。

令公众惊讶的是，庭审中，关于蔡彬的"非法收入"仅提到分红形式的房产价值126万元，其余房产的资金来源及其合法性并未涉及。

在媒体连续追踪下，检察机关陆续披露了蔡家的房产状况、购房款和司法依据：认定蔡家拥有20套房产，其中蔡彬和妻子名下有17套，其儿子名下3套；蔡家房产购买价900万元；其中2套房产被认定为受贿，其余房产因"购房款来源无法认定，证据链不完整，按疑罪从无原则，暂认定为合法财产"。

新华社记者毛一竹的报道，没有止于对案情的剖析，而是提出了案件背后的反腐制度漏洞。如用小标题形式列出："疑罪从无"原则是否适用、违法获利岂可洗白、"半拉子反腐"损害公信力。① 随着市场经济深入发展，官员"市场意识"的增强，不少"聪明"的贪官贪污受贿、违法违规经商后不再把现金藏匿家中，而是越来越多地进行投资运作，像生意人一样"钱生钱、利滚利"，一方面可以牟取更多财富，另一方面也达到了把赃款"洗白"的目的。

我国公务员法明确规定，公务员不得"从事或者参与营利性活动，

---

① 毛一竹：《"房叔"式腐败如何追责》，《瞭望》2013年10月14日。

在企业或者其他营利性组织中兼任职务"。蔡彬作为公安局、城管执法局主要领导干部,公然违法经商,但无论是当地纪委还是司法机关均未见处分,其获利还被"暂时认定合法"。

有公众质疑,贪官用贪污受贿、违法经商攫取"第一桶金",然后拿去买房、炒股、投资,不应这样任其利滚利、钱生钱。党政领导干部违法经商获利,岂能任其"洗白"?

一位律师对本刊记者表示,蔡彬与妻子合计逾千万的财产,明显高出公务员的正常工资水平。就算这些钱是亲戚送的、借的,是买六合彩中奖的、赌博赢的,也要向法庭作出说明,接受调查质证。否则,公众就有理由怀疑有"漏罪"、怀疑是"选择性执法"。这对于"反腐公信力",是十分严重的伤害。

一般来说,"房叔无房"的判决下来后,对是否适用"疑罪从无"的原则、违规获利洗白承认的分析一般记者都能做到。但是,能否进一步分析,看到"当前腐败问题的隐蔽性,现有法律框架下侦办贪腐案件的现实困境",需要记者有长期的观察和积累。

可以看出,记者对已经查处的腐败案件有积累、有分析,看到了普遍存在的问题。厚积才能薄发,遇到问题才能比别人看得深、看得远。

中国人民大学张征老师在其著作《新闻采访教程》中说:在新闻实践中,很难在操作层面直接应用"新闻价值"这个标准。不同的新闻从业者、不同的媒体、在不同的历史时期对"新闻价值"有不同的理解。这种理解常常以在新闻实践中形成的一定的文化形式、价值观念体系及被制度化、体系化的规范准则为依据,并将之转化为记者自己熟悉的、比较适合当下新闻传播环境的选题标准。

笔者非常认同张征老师的论述。实际上,寻找选题或对具体选题进行判断时,没有一个记者会用某一个或几个标准去衡量,而是凭直觉判断:做,还是不做。判断的标准,往往和供职媒体一段时期的选题倾向密切相关。

第二节　采访的前期准备

古语说"有备无患""预则立，不预则废"，一名职业记者，应该随时做好出发的准备，做足功课，才能确保在最短时间内完成采访任务。

一方面是"硬件"，指的是照相机、录音笔等；另一方面是"软件"，包括和选题相关的资料、问题准备，甚至包括采访的先后次序、行走的路线等。相对来说，后者更为重要。

一、装备

调查性报道，有突发的，也有长线的。所以，对突发情况应有所准备。

比如，中央人民广播电台中国之声的特别报道部有两条规定：

第一条：手机24小时不关机，永远随身携带采访设备；

第二条：市内突发事件5分钟内出发，外地突发事件1小时内动身，在单位常备应急采访包。

对于记者来说，哪些物品是必备的呢？通常来说，应该包括身份证、钱、照相机、录音笔、上网卡、简单的换洗衣物等。

当然，一些特殊的事件还需其他设备，比如地震灾难采访，需要的物品有：电脑、采访机、上网卡、若干手机、若干手机电池、充电宝、手电筒、急救包、防潮垫、睡袋、压缩饼干、一双好鞋、换洗衣物。睡觉、吃饭都可以忽略不计。

二、资料准备

有的选题,并不一定是记者熟悉的领域。要想做好报道,应尽快熟悉这一领域的政策、规定、名词术语等。

2004年1月15日,新华社播发了记者朱玉采写的调查性报道《一千零四十小时——早产儿氧中毒失明调查》。全文1800字,逻辑清晰,语言简练,令人震撼。稿件刊发后,卫生部高度重视,卫生部和中华医学会联合召开了两次专家论证会,当年4月,专门出台了《早产儿治疗用氧和视网膜病变防治指南》,确立了行业规范。

通过对报道的分析,看作者提前做了哪些功课:

一千零四十小时——早产儿氧中毒失明调查

新华社记者　朱玉

刘东江经常下意识地盯着别人家孩子的眼睛看,他的怪异有时甚至把被看的孩子吓哭。刘东江的儿子小宝,1岁10个月,全盲。

一个……

小宝在母腹里仅仅生长了七个月就出生了,出生时他的体重只有1050克,随即因早产入住天津市中心妇产医院新生儿科重症监护室。

重症监护的一条主要措施就是给孩子吸氧,事后刘东江通过检查病历发现,中心妇产医院并没有告知他们连续用氧所带来的医疗风险及可能导致新生婴儿眼睛及肺部损伤致残的严重后果,也未采取任何相关的预防和治疗措施。

连续用氧是否以及在多大程度上会给早产儿带来风险,如果有风险应如何预防和治疗?记者需要掌握专业的、公认的答案。

住院 22 天时，孩子因吸入性肺炎，自然而然地，延长了住院及用氧时间。

　　小宝在出生后 65 天时出院，病历上记载的累计用氧时间为 1040 小时。等于说，刘东江的孩子住院期间，连续 43 天零 8 个小时都在人工给氧中度过。病历记载，小宝有的时候血氧饱和度很高，孩子并不缺氧，按道理应该停止供氧，但医院并没有这样做。

　　出院时，大夫的一句"出院时做眼科检查"，引起了刘东江的高度重视。他们直接抱着孩子去了眼科医院，但没有挂上号。之后他们又去检查孩子的眼睛，大夫还是没看出就里。

　　小宝 4 个月时，一家人发现孩子的瞳仁变白了。刘东江说："从那天起，我们家的天塌了！"

　　小宝所患病症为早产儿视网膜病变，其发病机理是：早产儿视网膜血管不够成熟，过度给氧或长期给氧，易造成视网膜血管发生扩张、弯曲，高浓度的氧可使视网膜血管造成异常增生，严重者可导致视网膜周边剥离乃至视网膜完全剥离。

这一段，也需要记者查找到权威医学书籍，确认对"发病机理"叙述准确。

　　《实用新生儿学》中告诫医师："当吸入氧气浓度过高，或供氧时间长，可能发生氧中毒，眼晶体后纤维增生最常见，表现为晶体后视网膜增生或视网膜剥离，使视力减退或者失明。"

记者需要查阅《实用新生儿学》关于氧中毒的论述。

　　截至目前，早产儿视网膜病变在医学上已有定论，病因直接与早产低体重儿和吸氧有关，吸氧越多，发生率越高。

刘东江一家从此抱着孩子天南地北地看病，总希望有医生对他们说一句：孩子还有希望。

四个……

在刘东江带孩子屡次奔赴北京看病时，他与另外几个有相似情况的病儿家长不期而遇。

一听，都是天津口音；一问，孩子都是患早产儿视网膜病变；再深聊，几个家长的心一下子就紧缩起来：包括小宝在内的4个孩子，均为早产儿，均出生于天津市中心妇产科医院，均在新生儿科重症监护室监护过，住院期间均有较为大量的吸氧史，出生的时间均在2001年11月至2002年7月之间！

9个月的时间里，一家医院的一个科室，竟有4个早产儿失明！

刘东江开始意识到，这个悲剧不单纯是单个家庭的悲剧。

氧气自1774年被发现以来，本世纪初，氧气开始广泛应用于缺氧病症的治疗，但机体长时间暴露于高氧下也会产生毒性反应，氧气的毒性危害肺、眼、中枢神经系统，俗称氧中毒，早产儿视网膜病变，是氧中毒的一种。

上述描述也应有权威书籍的记载。

早产儿视网膜病变如果在孩子出生四周至六周时发现，是治疗此病的最佳时机，治疗后，孩子的眼睛与常人无异。但可供治疗只有两周时间，所以又被称为"时间窗"，只要过了这个时间段，只有10%的治疗可能。"时间窗"一关上，孩子就会坠入永远的黑暗，出现如小宝一样的白瞳，是病变已发展到最晚期的表现。

这段同样需要来自权威医学书籍。

已有50年历史的天津市中心妇产医院回答记者说,救治早产儿,标准在救活上。听话外音,似乎从某种程度上来说,要孩子生命就不能要眼睛。

一群……

因早产儿视网膜病变而失明的孩子们,都有着一个共同的爱好:喜欢有声响的东西。

他们喜欢玩稀里哗啦响的塑料袋,喜欢录音机,喜欢开关柜子门;甚至生气时,他们的动作都惊人的相似:揉眼,打眼睛!

由于早产体弱,加上失明没有平衡感,这些孩子普遍发育晚于其他正常孩子,刘东江的小宝,在近两岁时还站立不稳。

他为几个孩子质询:院方医护人员是否经过基础的用氧培训?是否盲目用氧?用氧时必须同时使用多项仪器监测,医院是否执行?住院期间是否按照诊疗规范检查眼睛?

刘东江发现有类似病症的绝不止自己的小宝和天津的几个孩子。他的力量有限,但也聚集了全国各地35个家庭的50多个双目失明的幼儿,其中包括双胞胎和三胞胎!

50多个孩子的家长都经过了上下求索,带孩子四处奔波的过程,求医的脚步甚至跨到了大洋彼岸的美国。

资料显示,我国每年有2000万新生儿出生,其中早产低体重儿占到6%,出现视网膜病变的又占早产儿的20%,如果医院和医护人员稍加疏忽,就将导致多少生活不能自理的盲儿生活在世界上,多少家长要心碎地看着孩子摸索着玩耍!

这一段点出了报道的普遍意义,以及问题的严重性。需要检索才能得到相关数据。

早产儿视网膜病变，英文的缩写 ROP，几个圆圈挨在一起，看上去多像孩子们圆圆的眼睛。

根据作者的介绍[①]，结合报道，我们知道，刘东江的儿子出生 4 个月时确定双目失明，记者报道时孩子 1 岁 10 个月，其间，刘东江查阅了大量医学资料，找到新华社记者时已是孩子确诊一年多以后。同时，刘东江还联系到了大量类似遭遇的孩子家长。

刘东江向记者提供了大量他查证的医学资料，从某种意义上来说，这无疑节省了记者大量查阅资料的时间。但是，作为记者，显然不能在没有核实的情况下就全然相信这些复印的资料。记者可以把已掌握的资料看成线索，亲自进行查询和求证。

为做好报道，记者做了如下工作：

(1) 阅读了大量患者家属之间的往来信件。

(2) 翻阅相关的医学教科书。发现，几乎所有相关的医学教科书都明确指出，氧气不可滥用，否则会导致早产儿氧中毒失明、肺部纤维化等一系列氧中毒后遗症，医生们早该在他们开始从事医学工作时，就对他们的教科书耳熟能详了。

(3) 专家意见。中华医学会眼科学分会主任委员、眼底病学组组长黎晓新教授对治疗早产儿盲儿富有经验，且对国内早产儿氧中毒致盲情况有较深研究，但记者未能约上采访。记者找到了黎晓新教授此前关于这个问题的医学讲座光盘，从头到尾进行了仔细研究。

(4) 找到一本关于国外早产儿氧中毒致盲诉讼的书，认真研究国外在这个问

---

① 朱玉：《预约泪水——写在〈一千零四十小时——早产儿氧中毒失明调查〉之后的话》，《中国记者》2004 年第 4 期。

题上走过的道路。

（5）到卫生部，调查核实天津市中心妇产医院有没有就发生氧中毒事件作为疑似医疗事故上报。

（6）还从互联网和新华社多媒体数据库中搜索相关资料。

三、确定采访方向

采访前，应明确采访的目的，即要了解哪些问题。

应认真梳理已经掌握的情况，做到心中有数。明确哪些问题必须要搞清楚，针对这些问题，设想至少三个采访的路径，一条道路不通，立即启动另一个方案。

确定采访方向是一项重要工作。应该如法官审理案件一样。庭审一般有举证、质证、法庭辩论等环节。法庭辩论前，审判长会根据原告被告或控辩双方的举证质证情况，归纳出"辩论焦点"，如双方无异议，即围绕焦点展开辩论。

对记者来说，面对厚厚的材料以及当事人的陈述，应当迅速判断出事件的核心问题是什么，即确定调查的主攻方向。

四、路线、时间安排

有的采访，需要到不同的地方出差，需要采访不同的人。为了能在最短时间内高效完成采访任务，需要对行程作出安排。

（1）对官方的采访，应安排在工作日，周末、晚上，可以作为旅途上的时间，或安排采访非政府工作人员。

（2）根据发稿周期安排出发时间。比如，一个采访，如果定于周一发表，倒推一下，应在周日晚定稿，如果采访、写作需要两天，那应该安排在周四出发。

（3）本着从近到远、先易后难、从外围到核心的原则安排采访。一般来说，越是外围的人越容易采访，也不会对采访造成阻碍，可以从此入手安排采访。

比如，在早产儿氧中毒致盲报道中，受害儿童家长是最愿意接受采访的，除去刘东江，记者还选取了具有代表性的 4 位天津患儿的家长进行采访，电话采访了上海、济南、深圳、武汉等地的患儿家长。

不愿意接受采访的是天津市中心妇产医院，可能需要记者用几天的时间联系、说服。记者可以在采访患儿家长的同时，联系采访天津市中心妇产医院。等医院同意接受采访了，患儿家长的采访也进行得差不多了，相关情况也有了感性的认识，采访医院更加有针对性了。

第三节　提问：事件的核心

一、如何提问

向采访对象提问，是一个记者获取新闻必经的途径。调查性报道的采访，往往要求被采访者在最短的时间内消除戒备，讲出他不愿意公开的内幕，或就他不愿意公开的问题作出回应。

能否提出有质量的问题，与记者的知识储备、应急反应能力、经验等有很大关系。

几乎每一个成熟的记者都有不成功的提问经历，这既是教训，也是经验的积累。

二、第一个问题

实际上，记者应珍惜每一个采访的机会，特别要慎重提出第一个问题，因为人与人交流都有一个"解冻期"，没有一个人会对陌生人毫无顾忌地讲出真心话。尤其是调查性报道的采访对象都是某一事件的当事人，有切身利害关系，面对记者会有更多顾虑。有的时候，采访对象会因你的第一个问题而拒绝接受采访，可能是你的问题空洞无物，也可能是你的问题过于尖锐。

怎样提出第一个问题，需要根据不同的采访对象来定。笔者个人的经验是，不要过于刺激对方，可以先问一些有关但并非最重要的问题，营造较为融洽的氛围。

对于某些专业人士来说，如果他认为你的问题表明你对他或他的专业不了解，记者没做好功课就贸然前来采访，他也许不愿意回答问题或干脆拒绝接受采访。

因此，无论采访谁，前提是做好准备，尽可能多地了解你的采访对象，掌握涉及领域的专业知识。

提好第一个问题，需要你对整体事件有所了解，明确切入点；知道要什么；有足够的经验教训，根据不同情况，确定采访用直接的方式还是迂回的方式。

中央人民广播电台高级记者刘振敏曾有一次成功的采访。

1983年3月，她被派去采访党和国家领导人到十三陵植树的活动。

在植树现场，有的记者问邓小平："请您对植树节发表感想。"

记者们都做好了记录准备，刘振敏也打开了录音机。没想到邓小平说："我是来劳动的，不发表感想。你去找万里去！"

这等于采访被拒绝了，很多记者只得失望地离开。不甘心的刘振敏突然想到，头一天晚上查资料得知邓小平参加过修建十三陵水库的劳动，她马上改变策略，问："您1958年来过这里？"邓小平说："来过！"她又进一步问："现在变化大吗？"邓小平直直腰，扶着铁锹把说："现在满山都是树。"

刘振敏接着问："您说植树要坚持20年？"邓小平大声地说："植树造林，绿化祖国，是建设社会主义、造福子孙后代的伟大事业，要坚持20年？坚持100年，坚持1000年，要一代代永远干下去！"

这句话，成了邓小平的经典语录，采访也取得了突破。

三、提问要具体，有明确的指向，要短而实，切忌大而空

有人取笑说，无论面对哪种采访对象，有些记者只会问一个问题："你现在感觉如何？"

新京报深度报道部副主编张寒曾有两次采访经历，一次因为设问宏大而采访失败，另一次因设问精确而成功。①2006年4月26日，北京师范大学法学院成立。作为跑热线的新记者，张寒和一名老记者前去采访。

新闻发布会上，最高人民检察院检察长意外现身，但记者很难接近采访。老记者让张寒去采访检察长。

问题是，对一名新手来说，突然接到采访任务，往往不知道该问什么。老记者说，就问一下目前司法改革推进的情况。

应该说，这是一个注定会失败的问题，因为问题宏大且场合不对——如果是在一个安静的场合，检察长专门安排出两三个小时接受采访，基本能深入、透彻地回答清楚这个问题。但问题是，这是一个新闻发布会的会场，环境嘈杂，检察长又不可能抽出大段时间接受采访。

"当时，这位检察长被一群人簇拥着，我就冲上去问了这个问题。接下来就是我被裹在人群最里面，紧紧跟着检察长从三楼走到了一楼。他作为一个大人物，也不好意思赶我走，所以在这个不短的时间里，我只追问他'改革到底进行到什么阶段'这么一句话，而他只是面带微笑说'再见再见'。我们俩持续这个车轱辘话一直到他上了车，当时我就觉得这是一个挺滑稽的状态。"

事后，张寒总结说："如果我对这个问题之前就有更深入的了解，我可能就会从不同的角度去发问，比如用更细微的封闭式问题去'撬开'他的嘴巴，但我对这件事毫无了解，所以就只能寄希望于他能偶尔透露我们一两句话。"

无论多么宏大的主题，记者都应、也可以从小的切口入手，先从具体问题问起。

2012年3月25日，梁振英当选香港特别行政区第四任行政长官。5月29日，梁振英在候任长官办公室接受包括张寒在内的记者采访。

张寒非常珍惜这个采访机会。她认为，虽然这是一个"规定动作"，但如果

---

① 张寒：《新闻手工业者说》，《新京报传媒研究》第1卷。

面对即将上任的香港特首,记者只是去问他"你觉得我们的一国两制在这十年中,或是十五年中进展如何"之类的问题,这对记者来说是一件挺可耻的事。

趁着其他记者和梁振英对话时接送话筒的间隙,张寒抢到话筒问了两个问题。

"您曾经在两位特首身边都工作过,他们两位的风格和经验给您担任香港特首有什么启示?每一位特首可能都有自己强烈的个性特征,您觉得自己的个性特征是什么?"

梁振英回答,前两位都是鞠躬尽瘁的特首,他们三个之间风格完全不一样,背景也不一样,至于他们三个人的表现,可能就得让大家来评了。

《梁振英:我关注贫穷问题》[①]见报时,记录了梁振英回答的 11 个问题。尽管这段话最终没有见报,但我们应该知道,记者只有提出具体的、有针对性的问题,才有可能得到有价值的回应。

四、提问的方式

调查性报道,通常会涉及利益纠纷。通常,记者是接到一方的投诉、举报,分析后再去向另一方求证。因此,提问时应注意方式方法。

可以这样说:关于×××问题,张三说是这样的,你的看法是什么?

不能这样说:关于×××问题,是这样的,你认为是什么样子?

法拉奇在采访南越总理阮文绍时,她想获得他对外界评论他是"南越最腐败的人"的意见,当直接问他时,阮文绍矢口否认了这种传言。法拉奇于是将这个问题分解为两个有内在联系的小问题。她先问:"您出身十分贫穷,对吗?"阮文绍听后,动情地描述了小时候他家庭的艰难处境。得到了上述问题的肯定答案后,法拉奇接着问:"今天,您富裕至极,在瑞士、伦敦、巴黎和澳大利亚有银行存款和住房,对吗?"阮文绍虽然否认了,但为了澄清这一"传言",他不得不详

[①]《梁振英:我关注贫穷问题》,《新京报》2012 年 6 月 15 日。

细道出他的"少许家产"。

五、准确把握细节问题

记者采访主题众多，不可能样样都了解。对于自己不懂的问题，一是要在采访前做好功课，尽可能了解，另一方面要不耻下问，尤其是自己陌生的专有名词、数字、外文词汇等，有疑问及时确认，防止出现低级错误。

六、追问

采访中，追问是不可避免的，特别是记者对采访对象的回答产生疑问的时候。比如，回答中有的内容超出了记者了解或理解的范围，或者与记者的预判完全不同，记者不应想当然地认为自己明白了，而是应该追问"可以×××这样理解吗？"

下面一则笑话，或许能够说明追问的重要性。

一个青年想问一个富翁是怎样发家致富的。

青年：请问您小时候就有经商的天分吗？

富翁：记得有一次爸爸给了我一个苹果，我没有吃，把它卖给了另外一个小朋友，我用挣来的钱买了两个苹果，卖了钱买了4个苹果……

青年：我明白了……

富翁：你明白什么？后来，我继承了父亲百万的遗产。

如果只看这个故事的前半部分，你会得出一个结论：富翁从小就有经商的头脑，并由此一步步成为百万富翁。

然而，看完全部故事你才知道，此前的结论是错误的，富翁之所以成为富翁，完全是因为他继承了一大笔遗产。

采访中，我们也会遇到这种情况：你就某一问题发问，也许采访对象并不愿意正面回答，于是随意讲述了另外一个事情，如果你想当然地认为这是你想要得到的答案，并写到你的稿子里，你会痛苦地发现自己错了。

怎么才能避免这种错误？答案是：追问，让采访对象确认他是针对"这个"问题作出的回答。

追问还能进一步阐释你的问题。

以《梁振英：我关注贫穷问题》为例：

> 记者：你觉得是什么力量让你在这次选举当中胜出，施政纲领中哪一项打动了香港的民众？
>
> 梁振英：我不敢说是打动了香港市民的心，现在的选举制度是1200个选举委员投票选出行政长官当选人之后，由中央任命。虽然香港一般市民没有投票权，但行政长官必须得到香港市民的支持和认同，所以我在任命期间用香港话来说，是"下去"，用内地的话说是"走基层"，讲解我的政纲，主要还是听各方面的情况，强调民间智慧，这一行为得到市民的认同。
>
> 同时在政纲我提出八个字："行之正道，稳中求变"，香港社会过去一段时间累积的问题不少，出现了停滞不前的局面，市民求变的呼声比较高。我提出这个"变"不是大变、突变而是稳中求变，我知道内地也有这个说法，概念也差不多，但是我的重点还是放在变。
>
> 记者：你提到"行之正道"，具体含义是什么？
>
> 梁振英："正道"是每一个政府、每一个从政者必须严格遵守的理念。"正道"体现我的核心价值理念：包括对人民负责、廉洁奉公；我们要向人民开诚布公，我要求我的团队，更要求我个人在施政过程中贴近民意，了解民情，这些都是正道。

我们可以看到，在回答记者提问时，梁振英提出"行之正道，稳中求变"的说法。对香港人或更多的内地人来说，他们或许希望对这八个字的具体内涵了解更多。于是，记者马上追问了这个问题："具体含义是什么？"

其他要注意的问题：

关于记者成稿之后要不要给采访对象审阅的问题，有一些争议。个人认为，对调查性报道来说，如果给采访对象审稿，几乎等同于"自取灭亡"。一般来说，有的采访对象（被监督对象）会在采访之后提出审稿的要求，这时，记者明确表示不同意，可能导致采访对象拒绝承认已经进行的采访；但如果答应对方审稿，可能会给自己带来不必要的麻烦，因此，记者应慎重回答，或者笼统地回答"需要请示编辑"等。

第四节　如何突破

调查性报道的采访过程，实质上就是寻找人证和物证的过程。由于某些原因，采访会在某一点卡住，不能进行下去。如何突破这一关节点，考验着记者的能力和智慧。

2001年7月13日22时左右，29008次货物列车从成都向达州方向行驶，此时，列车行驶至营山区间。突然，车体中伸出了一只巨大"铁手"，横扫着铁路沿线的一切：信号灯、栏杆、电线杆，包括活生生的人。

列车一路横行21公里多，直到被八庙车站助理值班员发现紧急叫停，才避免造成更大的人员财产损失。

经调查，事故共造成达（州）成（都）铁路16.4公里区段范围内5座桥梁上坐卧乘凉及行走的38人死伤，其中死亡22人、重伤2人、轻伤14人。事发后，伤员被送入当地医院抢救。

事故原因是，列车所载石油钻井泵操作组合台输出传动箱意外落下，超出车厢边沿，横扫铁路沿线的物体。

当时，互联网远未像今天这样发达，信息传播速度很慢。

2001年7月14日，《楚天都市报》独家刊发了记者张欧亚等采写的报道《疾驰火车伸出神秘"黑手"——扫倒沿路30余人，21人已经死亡》，将这一消息公之于众。

武汉到营山1000多公里，张欧亚是如何采访到的呢？

原来，事发当晚，一名武汉籍乘客给《楚天都市报》热线打电话说，他乘坐的火车已经停了3个多小时，据说是撞了人。

实际情况是，货物列车发生事故后，造成很多列车不能正常运行，滞留的乘客以为是自己的列车出了事故。

但是，这个线索仅此而已。因为接线员的记录是，该乘客停在安康或达州，且又未能再联系上爆料人。

那么，怎样才能获取"撞人"事故的更多信息呢？

张欧亚是一名经验丰富的记者。他仔细研究铁路路线图，分析认为，爆料人应该是从武汉出发，前往成都方向。他决定，先沿着达（州）成（都）铁路路线打电话。经验表明，记者很难从火车站了解情况，同时越小的地方越有可能得到有用的信息，于是张欧亚决定，分两路打电话，一是打沿线乡镇政府的电话，一是打沿线县人民医院的电话。

当天晚上，张欧亚一连打了几十个电话。终于，转机来了。

接通四川省营山县小桥镇政府值班电话后，张欧亚不等对方开口就问道："你们镇长呢？"

对方说："去医院了。"

他接着问："是不是车祸的事呀？"

对方说："是。镇长看望伤员去了。"

由此，张欧亚基本锁定了"火车撞人"事件的发生地，但仍需要进一步确认。

于是，他接着给营山县人民医院打电话，护士长在电话中向他介绍了情况。张欧亚还和伤员家属通话了解事发经过。

接到爆料电话当晚，张欧亚完成采访。第二天，稿件见报的时候，他已经赶赴营山县。

张欧亚的相关报道，首次公开了这次重大事故，新华社等媒体相继介入报道，中央领导高度重视，国家安全生产监督管理局下发了《通知》，后续工作得以及时妥善地进行。

面对困难，记者怎样实现突破呢？

一、关注细节

2012年12月27日,呼和浩特铁路中级法院一审判处王玉文死刑,缓期两年执行。王玉文曾任呼和浩特铁路局社保处财务科科长,骗取社保资金2323万多元。

该案的发现源于审计署济南特派办的一次审计。审计人员对比养老保险的发放记录与公安部门登记的死亡人员数据,发现有100多个登记死亡的人员还在继续领取养老保险,有的账户在保险人已经死亡六七年后还在领保险,这些"死亡账户"主要来自呼和浩特铁路局。

审计人员发现,这些领取养老金的银行卡,有的是死亡人员在生前退休后正常办理,但去世后没有销号,一直有社保机构发放的养老金流入,还有一类是离退休人员死亡后的次月重新开户办理的。当时,审计人员发现,当地银行对社保大户批量开户不要求提供身份证,所以无法获取开户人的信息。

谁在掌管这些账户,案件查办工作陷入僵局。正当大家愁眉不展的时候,终于,在数不清的转账单里,审计人员发现一笔资金从死亡人员的养老金账户转移到了王玉文的账户上。王玉文被锁定,案件由此突破。

很多时候,记者采访如同办案,遇到难题既要能从全局考虑,又不放过每一个细节,善于从细节突破,最终找到解决问题的途径。

二、贵在坚持

新闻采访,很多时候比拼的是记者的耐心和毅力。有人说,好记者应该有坚忍不拔的毅力,不害怕被拒绝,当采访对象把你从门口推出去的时候,你要从窗户跳进去。

无数新闻采访案例说明,在看似山穷水尽、近似突破无望的时候,记者再稍微坚持一下，就能峰回路转，得到你渴望已久的采访机会。聪明人下笨功夫，才会取得多数人难以企及的成果。

财新传媒记者王和岩采访《程伟案中案》的经历值得借鉴。

2006年2月20日，星期一下午，当时在《财经》杂志的王和岩接到一个采访任务，编辑称，听说天津海事法院发生了一桩会计涉嫌贪污、挪用6000万元公款和执行款的案件，此外没有任何线索。

初步核实后，确有此事。此后40天里，王和岩五下天津采访此案。通过天津一名法院工作人员，了解到该案基本情况。通过天津海事法院的一位工作人员，掌握涉案的会计和出纳的名字。佯装买房被怀疑，公开身份得到理解，获知程伟涉案细节。为查找涉案的银行职员，她先后到塘沽、新港，从建行、工行等多家银行侧面了解；为了解程伟的履历，在塘沽工行储蓄网点、职工住宅区，她一家一家打听。随着调查的进行，跟相关知情人有了多次接触，王和岩渐渐赢得了他们的信任，一点一点，逐渐证实掌握了其余涉案者的信息。至3月中旬，她掌握了程伟案11名涉案者的情况。

三、从外围突破

外围突破也称侧面突破，是调查性报道采访常用的方式。面对一座山峰，当我们没办法翻越时，可以尝试绕过去。采访也是同理，正面进攻无法取得突破，就要变换策略，迂回到侧面发起攻击。

比如，记者想要调查某个企业的关联交易，但企业不予配合，记者可以查询企业的工商资料、交易信息等。同样可以得到一些有用的信息。

外围突破的过程，是记者对自己的初步判断进行修正的过程，也是对采访思路进行调整的过程。记者掌握足够多的外围信息后，能更加明确问题的核心所在，对核心信源形成一种切实的压力。

四、缓一缓

一次成功的采访，是各种有利因素的聚合。一次不成功的采访，必然受某一决定性因素的影响。比如，你去采访某个重要当事人，但他认为还不到讲的时候，你失望地离开了，可后来的记者联系采访时，对方很爽快地就答应了。

2004年11月22日，《中国新闻周刊》以《一份晚报的新闻勒索食物链》披露了《鄂东晚报》"有组织、有计划"利用舆论监督搞创收的新闻腐败。

报道引发了广泛的社会关注，主动揭露此事的鄂东晚报记者陶志东一时成了核心信源，几天内有5家媒体联系他约采访。但陶面临巨大压力，拒绝再接受采访，"我不想再继续此事，说也说了，悔也悔了，我有我未来的生活"。

然而，当笔者联系采访时，陶志东非常爽快地就答应了。后来，笔者才知道了原因。

原来，报道刊发后，鄂东晚报记者陶志东被报社开除。陶书面要求报社就"开除声明"澄清并致歉，否则法庭上见。

笔者电话联系采访时，陶志东正与鄂东晚报两位副总编谈判，谈判未果，陶志东回忆说，"我故意当着他们的面答应接受采访"。

因为联系到了关键人物，笔者顺利完成了报道《有偿不新闻》。

2010年1月25日，武汉市农业局在抽检中发现，来自海南省英洲镇和崖城镇的5个豇豆样品水胺硫磷农药残留超标。水胺硫磷可通过呼吸道和食道引发中毒，是农业部明令禁止在瓜果蔬菜中使用的高毒农药。因此，检测结果引起广泛关注，海南数十万斤豇豆滞销，农民损失惨重。

经过采访，中央人民广播电台记者白宇、陈俊杰发回《多省货商停购海南豇豆，"毒豇豆"成因复杂》，告诉公众，海南豇豆没有毒，而是农药残留超标，"毒豇豆"叫"问题豇豆"更准确。

然而，报道播出后遭到了一些质疑，海南地方政府部门表示早已禁止高毒农药的生产和使用，海南没有高毒农药。

海南种植豇豆的农民有没有使用高毒农药，成为下一步采访的关键，但也成了需要突破的难点——记者怀揣采访机，以农民身份走访了崖城镇大大小小20多家农资商店，然而处处碰壁，因为两个记者的北方口音让店主们产生了怀疑。

如果农民使用了高毒农药，能不能找到？突破路径在哪里？

一般来说，到新闻现场去，往往会有意外的收获。"脚底板下出新闻"是一个颠扑不破的真理。

果然，记者在乐东县冲坡镇的田间地头，发现了一个咖啡色的玻璃瓶——水胺硫磷，这正是武汉农业部门抽检出的海南豇豆含有的农药成分。接着，记者在更多的地方发现了更多的相同的瓶子。从生产日期判断，这些农药是当年使用的。

这时，能不能肯定地说：农民使用了水胺硫磷呢？

当然不能。一般来说，农民使用农药后，会随手把包装、瓶子等扔在田间地头，但记者不能因在田间地头看到农药瓶子，就反推出结论"农民使用了这种农药"。因为，田间地头出现农药瓶子有多种可能，如有人乱扔。

为了获得完整的证据链，两名记者继续尝试"买药"。他们在地里发现农药瓶子，准备离开时看到一个农民等车，于是邀请这个人坐记者的车，路上"闲聊"，得知本地人会很容易地买到水胺硫磷。于是，记者以自己用为由，请这个农民帮忙买药，最终在冲坡镇中心的一家农药店买到了两瓶水胺硫磷。由此，第二天，记者发表了《高毒农药海南仍有销售 问题豇豆毒源难除》，买到的农药瓶子的照片也被发表出来。

在新闻实践中，把记者身份还原成公民身份，有时会产生意想不到的效果。

欧美的调查性报道书籍，多强调记者可以通过法律途径要求政府部门公开某些信息，从而达到采访的目的。

比如，《纽约时报》调查性报道《电视评论员幕后的五角大楼黑手》获得了2009年普利策新闻奖。该报道揭露了美军一些高级将领退休后担任广播和电视评论员，但实际上受五角大楼（美国国防部的代称）续聘，为伊拉克战争辩护；报道还揭示多名将领曾为从政策中获利的公司辩护。

这篇报道的核心事实材料就是《纽约时报》持续数年向美国国防部申请信息公开，甚至诉诸联邦法庭，最终胜诉之后获得的。

中国第一个依据信息公开规定进行采访的记者是解放日报记者马骋。

2006年4月18日，马骋向上海市规划局传真了采访提纲，但该局不予答复。4月23日，他又以挂号信的形式向上海市规划局寄送了书面采访申请，请该局按照《上海市政府信息公开规定》（2004年实施）提供应当公开的政府信息，再次遭到拒绝。

此后，他向上海市黄浦区人民法院起诉上海市城市规划管理局信息不公开。一周后，马骋撤诉。

2008年5月，中国《政府信息公开条例》正式实施。越来越多的记者以公民的身份通过这一法规获得信息，用于报道。

1984年6月27日，作为新中国第一家收容教育机构上海市妇女教养所成立，到2014年6月27日，中国的收容教育正好走过30年。2014年7月2日，《南方都市报》刊发专题报道《收教三十年》。

记者王星想要了解全国收容教育所的名称和数量，然而，当他以记者身份找一些省公安厅监所管理总队联系采访时，无一例外地遭到拒绝。但是，几乎与他采访同时，一名90后女生向31个省（市、区）申请政府信息公开，4月申请，截至5月底，19个省公安厅作出答复，列明了各省收教所的名称和数量。

在获取余下省份相关信息的时候，王星改变策略，比如，他以普通公民的身份，到信息公开网站提问——根据相关要求，这些信息是可以公开的，如果不公开，公安厅需要作出解释。

通过利用公开渠道，王星收集到了采访需要的素材，最终完成了报道。

第五节　采访中的记录

真实准确，是一篇优秀调查性报道必须达到的要求。对记者来说，再好的记忆，也会有出现偏差的时候，这时，需要借助工具记录采访内容。

一、录音

现在的录音工具很多。除了广播电台的记者使用的专业的采访机，记者有很多选择，电子卖场会有各种样式的录音设备，如可录音的 U 盘、录音手表等。现在，很多智能手机既可以拍照、录像，也可以录音，携带、操作都很简便。更重要的是，录音效果完全能满足采访需要。

采访前，要对录音设备进行测试，确保不会出现问题。

同时，最好准备两个或两个以上录音设备，一是防止其中一个出现问题，二是进行备份。

相对于笔记，录音的好处：

（1）节省时间，可以在单位时间内问更多问题；

（2）记者可以专心提问；

（3）如果出现问题，可以提供证据。

如马云和《南华早报》的争议。从 2013 年 7 月 13 日开始，南华早报中文网一连 4 天刊登了记者刘怡对阿里巴巴集团控股有限公司创始人兼董事局主席马云的专访稿件《马云：成功者只能走自己的道路》。由于涉及对中国一些历史人物和事件的评价，稿件在网络上引起轩然大波，马云受到前所未有的批评和指责。

马云和阿里巴巴先后发表声明说，《南华早报》的报道不正当引述了马云接受采访时说的话，引发严重误解；但《南华早报》坚持说，该报的文章和采访笔录准确、恰当地反映了马云所说的话。

随后，阿里巴巴和南华早报各自公布了采访时的录音。

(4) 在特殊情况下使用，如行进途中等。

弊端：后期整理，耗费大量的时间，如 1 小时录音，可能需要 3 个小时整理。

现在，利用智能手机的录音功能，使用者可以在重要的时间点作出标记，整理录音时可以有重点地听，节省大量时间。

二、笔记

记者不可能有闻必录，要重点记录发言者的观点，重要的语句、数字等。

需要注意的是，遇到不熟悉的问题，应及时确认。

笔记本最好注明采访的时间、地点、采访对象的姓名、身份等信息，以便后期写作时查询。

实际上，笔记不一定是记在本子上，也可能是一张餐巾纸，也可能是一角破报纸上，就地取材，为我所用即可。

三、如何记录

北京法院网官方微博"京法网事"曾经发布了一条长微博，结合具体案例阐释了录音证据认定问题。

2009 年 11 月，刘某与何某签订了一份《投资咨询服务合同书》，约定，由何某代刘某在刘某名下证券账户内进行证券交易，保证本金，利润四六分。合同期满后，双方未续签书面协议。但双方一致同意由何某代刘某继续进行证券交易，何某亦于此后代刘某进行了多次证券交易。2012 年 4 月，刘某更改了真名下证券账户密码，此后，何某未再代刘某进行任何证券交易。

刘某诉至一审法院称，何某操作自己名下账户赔钱很多，但合同约定"保本"。请求判令何某赔偿本金损失 17 万元，利息损失 1.7 万元。

何某辩称，截至双方书面协议到期时，刘某账户内的股票是赢利的，双方之间的委托合同已经履行完毕。自己已经按照合同约定履行了相应义务，没有任何过错，不应当对其损失承担任何赔偿责任。按照双方合同约定，到期自然终止不再顺延。双方没有任何明示或默示的约定要继续履行合同，自己继续帮助刘某操作股票交易的行为并不能视为双方合同的继续履行。不同意其诉讼请求。

诉讼中，刘某提交了其与何某之间的对话录音作为证据，用以证明：在合同到期后，双方仍继续履行《投资咨询服务合同书》，何某承诺保证刘某收回投资本金。

一审法院经审理后判决驳回刘某诉讼请求。刘某不服，上诉至二中院。

二中院经审理认为，刘某与何某之间签订的《投资咨询服务合同书》中约定，合同于 2010 年 5 月 1 日到期，协议到期后，双方认可不再延长。现刘某依据录音证据主张其与何某达成一致，继续按照《投资咨询服务合同书》履行，何某承诺保证刘某收回投资本金，但是该录音的内容并不能证明其上述主张。该录音不能证明双方明确表示按照原《投资咨询服务合同书》继续履行，不能证明双方继续履行合同的期限，不能证明何某应当承担保证刘某收回投资本金的合同义务。本案合同到期后，刘某同意由何某操作其股票。何某未将股票进行平仓并未违反合同约定。综上，刘某的上诉请求缺乏事实与法律依据，不予支持。一审判决认定事实清楚，适用法律正确，应予维持。据此，二中院终审驳回刘某上诉，维持一审驳回其诉讼请求的判决。

在这条微博中，法官阐释了对刘某所提供的录音证据法院的认定理由：

首先，大部分当事人提供的录音是一方在另外一方不知情的情况下秘密录的，对于这种证据的限制主要有二：一是不得侵犯他人合法权益，亦不能违反社会公共利益、社会公德；二是不得违反法律禁止性规定。如采取暴力、胁迫等非法手段取得的证据。就本案来看，刘某取得的录音虽是秘密录制，但是没有违反上述规定，可以作为证据使用。

其次，在诉讼实践中，如果要使用录音证据，必须同时符合以下条件：一是应该提供原始载体，即录音未经过处理，具有连续性、真实性。本案中刘某出具的录音是其手机中的录音，也当庭使用手机进行播放，录音具有连续性、真实性。刘某在录音中明确地点明了双方的身份及录制时间，提高了该录音证据的可信度。二是录音资料中记载的内容应当尽量清晰、准确，双方就所谈论的问题及表态均有明示。本案中，刘某所提交的证据中就双方是否继续履行合同的表述并不清楚。在整段录音中，刘某并未明确提出双方是否继续按照原合同履行的问题，何某也没有明确表态双方继续按照原合同履行。三是除录音证据外，还应充分提供其他证据佐证。本案中刘某仅提供了录音证据，却没有提供其他证据作为佐证，且录音中的表述并不能确定双方就原合同结束后，继续按照原合同履行达成了一致，故法院驳回了刘某的诉讼请求。

在新闻采访中，记者的录音行为，得到对方允许的情况是有的，但多数情况下是秘密录制的，目的大致有二，一是为了写作的准确，二是为了留作证据。依据法官的解释，秘密录音要做到既不侵犯他人合法权益，也不违反社会公共利益、社会公德和公序良俗。当然，更不能用暴力、胁迫手段取证。

2002年4月1日起施行的《最高人民法院关于民事诉讼证据的若干规定》第68条规定，以侵害他人合法权益或者违反法律禁止性规定的方法取得的证据，不能作为认定案件事实的依据。也就是说，如果采取侵犯他人隐私或者违反禁止性规定的方法获取证据，比如涉及他人隐私，会被作为非法证据排除使用。

《规定》第70条规定，"有其他证据佐证并以合法手段取得的、无疑点的视听资料或者与视听资料核对无误的复制件"是有证明力的。

在实践中，由于缺乏取证技巧，往往导致录音的证明力不足。那么，录音时应该注意哪些问题呢？

（1）要尽量选择在安静和不受干扰的地方录音，以取得好的录音效果。

（2）录音应尽早，最好从谈话一开始就进行录音。录音越早，对方的戒备心理越弱。

（3）录音时，要尽量得到清晰的表述，能够让不了解情况的人知道对话双方是谁，双方讨论的问题，双方表述的态度等。比如，记者采访某公司的总经理，应点出这家公司的全称、总经理的姓名、职务等关键信息，而尽量少用"你们这个公司""你"等称呼，以增强录音的关联性和可信度。

（4）谈话内容不要涉及个人隐私或商业秘密，更不要以要挟的口吻发问，否则对方可能以"涉及隐私或机密""不是自己真实意思的表达"等请求法庭不予认定。

（5）要注意妥善保管录音，不能进行删减、拼接等。

当然，录音作为证据使用时，还应结合其他证据，才能被认定或提高证明力。但是，知道什么样的证据能够被法院认定，有助于我们提高录音质量。

第六节　证据意识[1]

一、记者的证据意识

中国的调查记者,需要具备刑警的专业技能——通过科学的手段和技术调查取证,还要比刑警多一种能力——善于调查取证。毕竟刑警被赋予了一定程度的公权力,可以采取传唤、拘传等强制措施对被调查对象进行取证,但记者没有。因此,记者需要有更强的证据搜集能力。

证据,不仅是一篇报道得以成立的重要支撑,也是在新闻侵权案件中胜诉的有力保障。为维护媒体公信力,妥当地采集、使用并保存证据,正日益成为中国记者面临的重要课题。

那么,记者应该搜集哪些证据,如何搜集证据,如何保存证据呢?

(一)新闻报道中的证据与诉讼证据的异同

提到"证据"一词,恐怕很多人下意识地会和"打官司"联系起来。

的确,"证据"一词的常用语境与司法诉讼活动紧密相关。一旦一方诉讼当事人提供的证据经过法庭查证属实,极有可能作为诉讼中认定事实的依据,进而获得有利于其一方的裁判结果。

从某种意义上说,我国"以事实为依据,以法律为准绳"的诉讼法律原则,

---

[1] 本节选自《证据意识:记者必备的职业素质》原文见《青年记者》2011 年第 12 期,作者刘万永、来扬。

在很大程度上取决于当事人所能提供的证据数量、质量及其证明力。除非一方当事人对另一方对争议事实的陈述完全认同，否则，法庭的裁判将"以证据为依据，以法律为准绳"。

诉讼活动中强调证据的采集、使用和保存的意义，侧重于当事人对某一事物是非对错的价值判断，目的在于通过提供对己方有利的证据（或反驳对己方不利的证据），争取法庭对己方有利的事实的认定，进而获得有利于己方的裁判结果。

因此，在诉讼活动中，证据的有无、多少、证明力的高低，可能涉及法庭上对某一事实是否存在的认定，进而对裁判结果产生实质性的影响。

在诉讼活动中，证据规则的应用"有法可依"且"有法必依"。而在新闻报道中，尤其是调查性报道中，采集、使用和保存证据的意义则更侧重于对记者所调查事实真相的还原。这更多是一种过程性的回溯或展示，而不是作为判断是非对错的结论性的依据。

对证据的这种定位差别，其实是新闻报道活动和诉讼活动本身的性质差别使然。新闻报道重在对事实的还原，而非提供观点或进行价值判断。因此，记者收集各方证据的出发点主要是尽可能全面地获得各方当事人提供的信息。记者不应在获得证据或说法时就在自己的报道中作出是非对错的判断，而是应将各方提供的信息和观点不带偏见地呈现在报道中，让受众去判断。

记者这样做的目的也是为了规避可能发生的职业风险。在我国，只有法院，而不是新闻单位，才是有权作出法律裁判的机构。"媒体审判"（也有的研究者或从业者称为"媒介审判"）不仅不合法律的规范，还有可能让新闻从业者及其单位惹上名誉权官司。类似的事例在业界并不鲜见。

当然，在表现形式上，新闻报道中的证据与诉讼证据并无实质性的差别。我国现行的三部诉讼法（民事诉讼法、刑事诉讼法和行政诉讼法）都将证据形式分为书证、物证、证人证言、视听资料、当事人陈述、鉴定结论、勘验笔录等7类（具体的类型略有区别），这些都是对诉讼活动中证据的规范分类。对记者来说，其实不必拘泥于证据的表现形式，因为他们获取证据的目的在于全面了解调查对象的情况，而非在报道时就想着要上法庭打官司。

（二）证据意识：一种重要的职业素质

当下，中国正处在社会转型中，社会资源和利益的重新分配引发了很多矛盾和冲突。同一事件，可能涉及矛盾双方甚至多方，即使针对同一事实，不同的当事人也可能有大相径庭甚至截然相反的表述。

调查性报道关注的是公共利益，其调查对象往往是损害公众利益的个人或者组织。调查性报道写作的要求是用证据形成链条，说明公共利益是怎样被损害的。因此，记者需要搜集所有能"说明问题"的证据，包括之前的公开报道、内部资料、物证、书证、证人证言、鉴定结论、笔录等。

做调查性报道的记者不能仅仅依据一方提供的证据即得出结论，形成报道。尽可能多地搜集证据，进行证实和证伪，是一个必须完成的任务。

对调查记者来说，仅仅做到"用事实说话"是不够的，还应做到"用证据说话"。证据是事实的重要载体。尽管并非所有事实都能得到不同信源的印证，但记者必须多方求证，把得到确认的事实写进报道，尽可能做到报道的客观与平衡。

有时候，虽然记者可以采用明确交代信源或"另一方对此予以否认"的平衡方式呈现某些不可能求证的事实，但一旦面临诉讼，败诉的风险依然很大。从这个角度说，证据也是记者规避法律风险实现自我保护的重要手段。

几乎每天，都会有当事人向媒体提供线索，寻求帮助。有人会提供厚厚一沓材料，也有人会花上两三个小时讲述自己遭遇的不公对待。

"能不能帮帮我们？"每当听到这样的问题，记者通常会这样回答："我相信你讲的是真的，但我们需要证据，需要核实事实。"

新闻实践的经验和教训显示，记者一定不能仅凭一方的材料就轻易相信任何人。原因很简单，一些受害人在向媒体投诉时，会有意或无意地隐瞒对自己不利的事实。但这些被隐瞒了的事实会直接影响到记者对该线索是否有价值的判断，进而影响到采访。

几年前,辽宁省葫芦岛市一家企业的负责人到报社投诉,称葫芦岛市某区政府抢占企业的三处厂房,迟迟得不到解决。笔者反复提醒,一定要如实反映他的遭遇,不能隐瞒事实。此人信誓旦旦地说"绝无隐瞒"。

然而,记者到当地采访时,政府部门出具了此人逃避债务等问题的证据,这些问题和其反映的问题密切相关,采访就此搁浅。

证据意识是记者的一种重要职业素质。在判断一个选题能否操作时,记者要看是否有证据做依据;一个事件能否最终形成报道,要有核心证据的支撑;报道引发官司,能够拿出证据呈送法庭。因此,记者从介入一个选题开始,就要有判断、搜集和保存证据的意识。

二、搜集什么证据,怎么搜集证据

搜集证据前,应知道哪些证据是有效的,即具有真实性、合法性、关联性。

真实性是指证据材料所反映或证明的案件事实与客观事实一致。

合法性:在民事诉讼中,认定案件事实的证据必须符合法律规定的要求,不为法律所禁止,否则不具有证据效力。合法性包括证据的主体合法(如不能正确表达意志的人不能作为证人)、形式合法(比如单位证明要有负责人签字和公章)、取得方式(比如偷录偷拍不能侵犯他人隐私)和程序合法。

关联性:不涉及证据的真假和证明价值,其侧重的是证据与证明对象之间的形式性关系,即证据相对于证明对象是否具有实质性,以及证据对于证明对象是否具有证明性。

《中华人民共和国民事诉讼法》第63条规定,证据包括当事人的陈述、书证、物证、视听资料、电子数据、证人证言、鉴定意见、勘验笔录8种。

书证,是调查性报道最主要的证据,记者的采访记录、书信、文件、票据、合同等都是书证。法院在对书证进行核实时,主要从书证的来源、内容的真实性及形式的合法性几方面进行审查。因此，建议记者进行采访时尽可能清楚、完整地对采访内容进行记录。在一些名誉侵权官司审理中，会有被采访者否认曾说过某些话的情况，有法官认为，如果记者的采访笔记中有相关记录，就能采信记者的辩解。

《最高人民法院关于民事诉讼证据的若干规定》第77条规定，人民法院就数个证据对同一事实的证明力，可以依照下列原则认定：

（1）国家机关、社会团体依职权制作的公文书证的证明力一般大于其他书证；

（2）物证、档案、鉴定结论、勘验笔录或者经过公证、登记的书证，其证明力一般大于其他书证、视听资料和证人证言；

（3）原始证据的证明力一般大于传来证据；

（4）直接证据的证明力一般大于间接证据；

（5）证人提供的对与其有亲属或者其他密切关系的当事人有利的证言，其证明力一般小于其他证人证言。

因此，记者搜集证据应按证明力的强弱，优先搜集证明力强的证据。

视听资料，是以特定载体为储存设备的，以图像、声音等内容来证明案件真实情况的证据。常见的视听资料包括录音、录像资料。

要注意的是隐性采访取得的视听证据的法律界限问题。《最高人民法院关于民事诉讼证据的若干规定》中规定，视听资料作为证据，应是通过合法手段取得且无疑点。

如何取证？简单来说，就是要通过合法正当手段取得证据。《最高人民法院关于行政诉讼证据若干问题的规定》第58条规定，以违反法律禁止性规定或者侵犯他人合法权益的方法取得的证据，不能作为认定案件事实的依据。

该《规定》第57条规定了9种证据不能作为定案依据，与新闻工作关系密切的有：(1)以偷拍、偷录、窃听等手段获取侵害他人合法权益的证据材料；(2)以利诱、欺诈、胁迫、暴力等不正当手段获取的证据材料；(3)当事人无正当事由超出举证期限提供的证据材料；(4)当事人无正当理由拒不提供原件、原物，又无其他证据印证,且对方当事人不予认可的证据的复制件或者复制品;(5)被当事人或者他人进行技术处理而无法辨明真伪的证据材料;(6)不能正确表达意志的证人提供的证言。

(一)记者如何固定证据

对记者来说,获得证据的渠道有很多,比如当事人、律师、知情人士,记者自身的调查采访也能获得相关证据。相对来说,文件、会议纪要等书面证据的保存比较简单,一些证人证言则必须以录音等方式予以固定。

2010年3月17日,《中国经济时报》发表了记者王克勤的系列报道"山西疫苗乱象调查",称山西近百名儿童的死亡、病残,疑与接种了曾暴露在高温下的疫苗有关。

这一报道当时反响强烈。当年3月22日下午,山西省政府召开新闻发布会,重述了疫苗合格的结论,并称已紧急组织专家组进行核查。此后,山西专家组发布了《关于网络报道15名儿童的基本结论》,称儿童的病情与"高温暴露"疫苗无关、与华卫公司无关等。

但是,无论是山西省卫生部门还是卫生部,都无法否认报道中涉及的患儿家属的陈述,其他媒体的追踪报道也印证了王克勤报道的真实性。

怎样保证报道的准确性,怎样固定证据?王克勤的做法是:带着印泥采访。他的采访类似刑警办案时做笔录:每一名患儿家属的陈述都采用问答的方式,标明采访的时间、地点,文后有"确保陈述属实"的家长签字和手印。

记者这样做绝不是没事找事,而是对自己和当事人负责。一来记者获取当事人的证言录音(或笔录签名、手印)是为避免惹上侵权官司;二来这也可以提醒当事人提供真实的证词并对其负责。当然,记者固定这些证据的目的主要是防御性的,即便在将来可能的诉讼活动中,记者仍要考虑"保密信源"这一职业道德准则,在官司胜诉与保护当事人之间做出平衡取舍。

当然,也有人批评这种方法只是"看起来很美",并不实用。愿意在采访记录上签字画押的，本身就是愿意接受采访的，更多的是受害人一方，"被指控者"能够接受采访已经很不容易了，遑论签字画押了。

（二）证人反水怎么办

收集和保存证据是一项重要的工作。一般情况下，事件中的受害一方更愿意向记者倾诉，记者根据他讲述的情况进行写作，他也会予以认可。但是，记者切记不能因此心存侥幸，留下相关证据对任何时候、任何形式的报道（无论正面报道还是舆论监督报道）都是非常重要的。

我们来看一下三联生活周刊遭遇的一个案子。[①]

2001年7月25日，在北京协和医院接受治疗的高建辉去世。当天，高建辉之子高尚与协和医院神经科医生王任直发生冲突。此事当时引起媒体关注。

2001年8月6日，三联生活周刊记者陈宇红以记者身份联系协和医院宣传科，希望就医患纠纷这一社会问题以及王任直被打事件进行采访。当天下午，王任直接受了采访。陈宇红根据采访记录撰写了《当病人恨上了医生》，发表在8月13日的《三联生活周刊》上。

2002年3月15日，高建辉的妻子等三人向北京市海淀区人民法院提起诉讼，称《当病人恨上了医生》一文多处失实，如文中写道："高某是山西省政府的一位官员，事后院方才得知他是戴罪住院，他可能被起诉的罪名是走私……在他住院期间，山西省检察院曾派专人来调查他的病情。""王任直说当时我觉得我们医生这方面显得太软弱了，面对这样的病人，我们反倒感觉自己是弱势，对方是强势。""但他是贪污嫌疑犯，我们觉得经济对他不是主要问题，在他去世三周前，家属还主动要求过放弃治疗，我们认为他们对病情也是十分清楚的，唯一的合理解释是他们想找茬闹事，发泄对医院甚至社会的不满。"

原告认为，《三联生活周刊》和王任直散布虚假事实，侵害了原告名誉权、

[①]《中国新闻（媒体）侵权案件精选与评析50例》，法律出版社2009年10月版。

侵害了原告去世亲人的名誉权，请求法院判令王任直和《三联生活周刊》的主管单位——三联书店在媒体上赔礼道歉并赔偿精神损失费 30 万元。

本案审理中，三联书店辩称，被诉失实的情节均由王任直提供。三联生活周刊记者陈宇红和图片摄影者作为证人出庭，证明报道中的大部分内容在采访中王任直确实说过，并且王任直在文章发表后打电话向记者表示感谢。

但是，王任直辩称，自己只是向记者讲述了被打的事件经过，没有说过报道中被起诉的那些言词。

法院认定，涉诉文章构成侵权。王任直属于被动接受记者采访，三联书店亦未提供《恨》文发表得到王任直同意或默许的证据。最终，《三联生活周刊》公开致歉并赔偿精神抚慰金 3 万元。

本案中，如果记者能够出示采访录音证明王任直讲述了被诉内容，或许能减轻或免予承担民事责任。但在法庭上，王任直否认采访内容，记者的采访笔记仅是自己单方记录，不能满足法律上的证据要求，记者本人及同去的摄影者均因有利害关系，其对采访内容的证明不被法院采信。

采访实践也证实，报道刊发后，一些当事人（尤其是受害人）在强大压力下，会否认接受采访时说过某些话，从而给记者带来压力。因此，记者应当牢记，不管被采访者的职业、社会地位如何，都应进行录音取证。如果没有进行录音，就要做到不把没有证据支持的内容写进报道。

第七节　如何与司法机关打交道

2011年，全国新闻发言人业务培训班请敬一丹讲课，主题是"官员应该如何在镜头前表现自己"。

敬一丹说，在她看来，记者和官员既不是敌人，也不是亲人，而是对手的关系，可以互相激发，进而实现深层次的沟通。记者与官员因各尽其职而相遇，他们不会像亲人一样利益高度一致。新闻发言人和记者一样，在本质上都是职业的沟通者。"再有力度的舆论监督，目的都是为了完成沟通。"

记者难免和官员打交道，采访调查性报道的记者更要经常和司法机关的官员接触。如果一定要分类，官员对待记者的态度可分为两种：报道成绩、成就的，态度友好，热情接待，笑脸相迎；报道问题的，有的相互推诿，有的恶语相向，甚至拳脚相加。

当然，随着官员媒介素养的提高，越来越多的官员开始意识到媒体的重要性，学会和记者打交道和善待记者，在实际工作中为媒体采访提供便利和支持，切实做到善待媒体、善用媒体、善管媒体，充分发挥媒体凝聚力量、推动工作的积极作用。

对记者来说，和官员特别是司法部门官员打交道，应遵循一些基本原则。

一是平等原则。国务院新闻办原主任赵启正认为，官员和记者之间第一个关系就是国家政策需要通过记者传递给公众。没有记者做接力棒，影响有限。因此，记者与官员发生交集，是因其官员身份有义务阐释政策内容或解释执行中出现的问题。因此，记者应当知道，官员不论级别高低，自己是代表公众提问，双方的地位是平等的。记者既不是"挑刺者"，也不是官员政绩的"吹鼓手"，而应站在维护社会公共利益和社会责任的立场上向官员发问。记者没有义务替某一个人护短藏拙,更不应该放弃尖锐问题,"默契"地提一些不痛不痒的问题。

二是相互尊重。一个新闻发生,记者希望第一时间听到官方的声音,这是职责所系。但记者也应明白,调查需要相应时间,官员回应也需要掌握相关情况并取得授权,记者没有理由逼迫官员对超出其职责范围的事件表态。对待那些利用职权故意干扰、刁难正常采访的,记者也应依法依规旗帜鲜明地要求对方予以改正错误。

三是与人为善。记者采访,会遇到各种类型的官员,有的因身份所限,无法对采访提供支持;有的按相关要求,不便给记者提供便利。无论是哪种官员,记者都应学会换位思考,多为对方着想,既要学会保护线人,更要学会宽容理解,对事不对人,特别是对态度并不友好的官员,除非和新闻事实有直接关系,没有必要写进报道中。因为报道的疏忽断送官员前途命运的事例并不鲜见,记者下笔应慎重。

下面着重讨论一下记者应如何与警察打交道。

2014年2月21日,上海律师钟锦化在其实名微博上发布了一条消息:

#警察就可以傲慢无理吗?#21日下午2点多乘地铁11号线快到徐家汇站时遇一较胖男警查乘客身份证。我:为何查身份证?警看着我:你不能问!可以要求看我证件。我:那看看证件。警将证件往口袋外一拎!我:证件拿反了。警倒过来。我:嗯。警:要养成配合查身份证习惯!@警民直通车-上海 @轨交警花

这条微博引起了很大反响,批评、支持的都有。

其中,新浪认证为"上海市公安局城市轨道和公交总队民警"的@轨交幺幺零回复称:在此明确一下,人民警察的警服,包括警衔标志,也属于执法的凭证。在着装执行公务的时候,可以不主动出示,但是如果群众有要求,需要再继续确认,可以要求着装警察进一步出示警察证件确认,此时人民警察要主动及时地出示。

问题是,警服、警衔标志,属于执法凭证吗?

这确实是一个值得探讨的问题。

作为记者,难免会遇到警察查房、查验身份证,难免遇到危险时向警察求助。有人说,在现在这个社会,学会和警察打交道,应该成为记者的基本技能。

我们所说的学会和警察打交道,绝非挑战警方,而是在共同遵守法律规定的情况下,各自完成自己的工作——警察依法执勤、履行公务,记者遵纪守法,完成采访。

了解相关法律规定,才能更好地维护自身权益。我们特别需要了解《中华人民共和国居民身份证法》《中华人民共和国警察法》《中华人民共和国治安管理处罚法》和《公安机关人民警察盘查规范》的相关规定。

我们先来看看警察的权力:

——《中华人民共和国警察法》规定:如果认为你有犯罪嫌疑,经出示相应证件,警察可以当场盘问、检查;经盘问、检查,有下列情形之一的,可以将其带至公安机关,经该公安机关批准,对其继续盘问:被指控有犯罪行为的;有现场作案嫌疑的;有作案嫌疑身份不明的;携带的物品有可能是赃物的。

对被盘问人的留置时间自带至公安机关之时起不超过24小时,在特殊情况下,经县级以上公安机关批准,可以延长至48小时。

也就是说,如果警察认为你有犯罪嫌疑,可以把你从住地带至公安机关,盘问24小时。某些情况下,可以盘问48小时。

2012年2月7日,广州日报刊发《蛋黄摔不烂,能蹦半米高》:2月6日,前往雷州采访元宵节活动的媒体记者在雷州市洪都大酒店用餐时,遭遇了一回熟蛋黄往地板上用力狠摔也摔不烂,且能"蹦高"40多厘米的"人造鸡蛋"。经查,鸡蛋来自河北省平山县。

2月8日,广州日报驻北京站记者张丹前往平山县采访。2月9日找到了长期向广东多个地市供货的总经销商薛某。

当天下午4点半,在平山刚采访完,张丹准备在入住的平山县"有家客栈"524房间写稿,突然接到平山警方打来的电话,要求记者就《广州日报》9日刊登的平山暗访的情况进行协查。

下午 5 点多，平山警方两名警员和宣传部一姓范的男子来到张丹下榻的酒店，将张丹"请上"警车，约晚 7 点半抵达平山县公安局。

此后，张丹被限制在公安局的平房里接受问话。警察说要拿录音笔去拷贝，拿走录音笔后约一个小时才出来询问是哪个文件，听了约半个小时后，又说听得不是很清楚，要求记者整理录音材料给他们。

晚上 9 点 40 分，张丹再次提出要赶稿，问是否可以离开。这时，一个姓范的"领导"称，要其继续接受调查。

10 分钟后，警方把张丹带去见一商户，确定是否为记者暗访的商户。经辨认，的确为姓康的商户，之后警方要张丹做辨认笔录。

其后，张丹曾多次向警方提出是否可以先写完稿再协助调查，但平山警方根本不予理会。直到第二天凌晨零时，张丹才得以离开公安局。①

——《中华人民共和国警察法》规定：阻碍警察依法取证的、拒绝或阻碍警察执行追捕、搜查、救险等任务进入有关住所、场所的，给予治安管理处罚。以暴力、威胁方法实施阻碍行为，构成犯罪的，依法追究刑事责任。

——《中华人民共和国身份证法》规定：警察依法执行职务，经出示执法证件，可以查验居民身份证，包括有违法犯罪嫌疑的人，在火车站、长途汽车站、港口、码头、机场或者在重大活动期间设区的市级人民政府规定的场所，需要查明有关人员身份的。

当然，警察行使上述职权时，是有前置程序的，如《警察法》规定"经出示相应证件，可以……"，《身份证法》规定"经出示执法证件，可以查验居民身份证"。

那么，警察的证件有哪些呢？

《公安机关人民警察证使用管理规定》第 4 条规定：公安机关人民警察在依法执行职务时，除法律、法规另有规定外，应当随身携带人民警察证，主动出示并

---

① 《记者调查问题鸡蛋 被警方要求"协查"近五小时》，《广州日报》2012 年 2 月 10 日。

表明人民警察身份。

需要说明的是，人民警察证由专用皮夹和内卡组成，必须内容齐全且同时使用方可有效。

人民警察证皮夹为竖式黑色皮质，外部正面镂刻警徽图案、"人民警察证"字样，背面镂刻英文"CHINA POLICE"字样；内部上端镶嵌警徽一枚和"公安"两字，下端放置内卡。

人民警察证内卡正面印制持证人照片、姓名、所在县级以上公安机关名称和警号，背面印制持证人姓名、性别、出生日期、职务、警衔、血型、人民警察证有效期限，以及"人民警察证""CHINA POLICE"和"中华人民共和国公安部监制"字样。

回到本文开头的案例，警服、警衔等可以成为执法凭证吗？日常生活中，我们会遇到这样的情况：你要求警察出示证件，警察会说："没看我穿的警服吗？"

其实，警服等并不能替代警察证。

《公安机关人民警察证使用管理规定》第5条规定："人民警察证发放范围为公安机关在编、在职并已经评授警衔的人民警察。严禁向非发放范围人员发放人民警察证。"

也就是说，并不是所有的警察都有警察证，只有正式在编、在职且已评授警衔的警察才有警察证。协警、临时工等是没有执法权的。

《人民警察警徽使用管理规定》第4条也规定，警徽及其图案的使用范围包括：授衔、授装、宣誓、阅警等重大仪式；人民警察机关及其事业单位的重要建筑物、会场主席台等五种情况，不能替代警察证。

根据法律规定，对警察的违法、违纪行为，公民或者组织有权向人民警察机关或者人民检察院、行政督察机关检举、控告。受理检举、控告的机关应当及时查处，并将查处结果告知检举人、控告人。

公安机关建立督察制度，对公安机关的人民警察执行法律、法规、遵守纪律的情况进行监督。公民可以拨打110投诉。

《公安机关督察条例》(2011年8月24日国务院第169次常务会议修订通过)规定,县级以上公安机关的督察机构由专职人员组成,实行队建制。

《公安机关督察条例》第9条规定,督察机构对群众投诉的正在发生的公安机关及其人民警察违法违纪行为,应当及时出警,按照规定给予现场处置,并将处理结果及时反馈投诉人。

投诉人的投诉事项已经进入信访、行政复议或者行政诉讼程序的,督察机构应当将投诉材料移交有关部门。

一、当警察来敲门

记者和律师多有这样的经历:到一个陌生的城市出差,入住宾馆,夜半时分,会有自称警察的人前来敲门,告诉你要查房。

你开不开门呢?也许你会怀疑:是不是别有用心的人冒充警察,等你开门后伺机图谋不轨?但也有可能真的是警察在执行公务,拒不开门也许会形成事端。

北京律师秦兵曾撰文记述他夫人遭遇的"警察敲门"的经历,可供大家参考。

2009年10月6日晚上,正在办公室开会,突然我太太打来电话说,家里来了两个警察敲门。我听到这种情况,立刻将手机打到免提,全体律师一起讨论,警察到当事人门口,应该怎么办?全体律师集思广益,立刻让我太太跟警察要工作手续。我太太就隔着门问警察,先拿出工作证,警察一般都能拿出工作证一闪。我们律师说,光闪工作证不行,我们必须拿出进门的法律文件,如搜查证、拘留证、逮捕证等。警察又在门外一闪拘留证,这个时候基本上看不清上面写的什么内容,因为在那种情况下,大部分人都是非常紧张的,搞不清楚拿什么东西,必须拿着照相机在门里面拍一下展示的拘留证。这时候警察就勃然大怒、踢门,说就抓个人还用这么麻烦吗?我太太说,你只要不出示证件,就不给你开门。警察说，你要是不开门，我就在走廊里大喊，让你的所有邻居都出来，知道秦兵犯了什么事。我太太说，你就尽管在走廊里喊，你要是喊不出来，我给你打电话把邻居叫出来。

警察一看我太太这种态度就说，你等着，到时候把谁谁抓起来，你别到我们这边求情。同时，我们立刻给北京市的110打电话，很快110也来了两个警察。警察相互之间就问，该不该抓、该不该进门、有没有带手续，最后110来的两个警察也跟我太太说，人家带了全部的手续，你们必须开门，该带走谁必须带走谁。我太太说，既然他带了全部的手续，隔着门给我看看。我们公民有怀疑的权利、知情的权利，宪法保护我们的权利。110的警察说不能看。然后，我们派了5个律师到我家去，律师成立一个小组，每一个人盯一个警察，把我们的律师证给他们看，要求他们出示要带走秦兵的法律文件，僵持了十几分钟，中间也有恐吓威胁等。后来，几个警察到楼梯口去商量，几分钟后，听见警察下楼的声音，律师开始追，4名警察跑到车上，一溜烟就没影了，我们怎么都追不上了。①

建议：

(1) 如果有人半夜前来敲门，即使对方自称是警察，也不要着急开门，而是应该冷静对待。

(2) 准备好录音笔（最好一个以上），如果有照相机和摄像机更好，放在不同的位置，开启设备，然后再与来人交涉。将对话录音录像，其实是为了固定证据，将来一旦发生意外，可以作为证据使用。也可以将警察出示的法律文书拍照或录像。

(3) 警察应出示工作证、身份证和其他法律文书。要看清法律文书上的名字是否和你有关。

---

① 秦兵：《当警察来敲门》，网络文章。

（4）确认证件无误，应配合警方执行公务；如不能确认警察身份，而对方又要强行进入，应及时向110求助。

（5）如果有律师前来，一定要请其携带授权委托书。如果事前没有签订授权委托书，应在律师到场后即刻签署，否则，律师可能被认定为妨碍公务。

（6）已经发生的一些事例表明，警察查房等，如果不是正常执行公务，有的只是起到震慑作用。如果记者遵守法律法规，严格要求自己，对采访的影响几乎可以忽略。

二、当警察来查验证件

查验身份证是法律赋予公安机关人民警察的一项重要职权，但法律也规定了查验的范围。《警察法》规定："为维护社会治安秩序，公安机关的人民警察对有违法犯罪嫌疑的人员，经出示相应证件，可以当场盘问、检查。"此外，《身份证法》第15条也有规定，警察依法执行职务时对有违法犯罪嫌疑的人员，需要查明身份的可以查验身份证。

民警正常查验并非随意，而是有针对性的。比如，在某区域曾发生违法犯罪行为，警方掌握了嫌疑人的体貌特征，根据这些警情，警方对可疑人物或者携带可疑物品的人员，进行有针对性的截查，而不是随机对所有人员进行截查。目前，第二代身份证都含有芯片，通过民警随身携带的警务通，整个查证过程仅几秒钟时间，尽可能地减少对于普通市民的打扰。

普通市民可出示其他有效证件，如驾驶证、护照、军官证等。假如未带任何证件，在警方实际操作中，民警会让普通市民提供姓名、籍贯、身份证号码等信息，在警务通上进行核查，查明身份后予以通过。若无嫌疑，不会对其进行传唤。

建议：

（1）警察执行公务时，每一个公民都应尽力配合。当然，如果遇到执法不规范的情况，公民也应当帮助警方提高执法水平。所以，无论你遇到什么样的执法者，都要尽量避免发生冲突，方法是自己保持克制，说话要有依据，留有分寸，保存证据。

（2）无论如何，要求警方出示执法证件都是合理合法的。

（3）记住一些法条和公安部门的内部规定是有用的。

（4）固定证据很重要，比如录音录像，比如记住对方的警号。

附相关规定：

《中华人民共和国居民身份证法》（根据 2011 年 10 月 29 日第十一届全国人民代表大会常务委员会第二十三次会议《关于修改〈中华人民共和国居民身份证法〉的决定》修正）

第十四条

有下列情形之一的，公民应当出示居民身份证证明身份：

……

（四）申请办理出境手续；

（五）法律、行政法规规定需要用居民身份证证明身份的其他情形。

第十五条

人民警察依法执行职务，遇有下列情形之一的，经出示执法证件，可以查验居民身份证：

（一）对有违法犯罪嫌疑的人员，需要查明身份的；

（二）依法实施现场管制时，需要查明有关人员身份的；

（三）发生严重危害社会治安突发事件时，需要查明现场有关人员身份的；

（四）在火车站、长途汽车站、港口、码头、机场或者在重大活动期间设区的市级人民政府规定的场所，需要查明有关人员身份的；

（五）法律规定需要查明身份的其他情形。

有前款所列情形之一，拒绝人民警察查验居民身份证的，依照有关法律规定，分别不同情形，采取措施予以处理。

任何组织或者个人不得扣押居民身份证。但是，公安机关依照《中华人民共和国刑事诉讼法》执行监视居住强制措施的情形除外。

《中华人民共和国警察法》

第六条

公安机关的人民警察按照职责分工，依法履行下列职责：

（一）预防、制止和侦查违法犯罪活动；

（二）维护社会治安秩序，制止危害社会治安秩序的行为；

（三）维护交通安全和交通秩序，处理交通事故；

（四）组织、实施消防工作，实行消防监督；

（五）管理枪支弹药、管制刀具和易燃易爆、剧毒、放射性等危险物品；

（六）对法律、法规规定的特种行业进行管理；

（七）警卫国家规定的特定人员，守卫重要的场所和设施；

（八）管理集会、游行、示威活动；

（九）管理户政、国籍、入境出境事务和外国人在中国境内居留、旅行的有关事务；

（十）维护国（边）境地区的治安秩序；

（十一）对被判处管制、拘役、剥夺政治权利的罪犯和监外执行的罪犯执行刑罚，对被宣告缓刑、假释的罪犯实行监督、考察；

（十二）监督管理计算机信息系统的安全保护工作；

（十三）指导和监督国家机关、社会团体、企业事业组织和重点建设工程的治安保卫工作，指导治安保卫委员会等群众性组织的治安防范工作；

（十四）法律、法规规定的其他职责。

第七条

公安机关的人民警察对违反治安管理或者其他公安行政管理法律、法规的个人或者组织，依法可以实施行政强制措施、行政处罚。

第八条

公安机关的人民警察对严重危害社会治安秩序或者威胁公共安全的人员，可以强行带离现场、依法予以拘留或者采取法律规定的其他措施。

第九条

为维护社会治安秩序，公安机关的人民警察对有违法犯罪嫌疑的人员，经出示相应证件，可以当场盘问、检查；经盘问、检查，有下列情形之一的，可以将其带至公安机关，经该公安机关批准，对其继续盘问：

（一）被指控有犯罪行为的；

（二）有现场作案嫌疑的；

（三）有作案嫌疑身份不明的；

（四）携带的物品有可能是赃物的。

对被盘问人的留置时间自带至公安机关之时起不超过二十四小时，在特殊情况下，经县级以上公安机关批准，可以延长至四十八小时，并应当留有盘问记录。对于批准继续盘问的，应当立即通知其家属或者其所在单位。对于不批准继续盘问的，应当立即释放被盘问人。

经继续盘问，公安机关认为对被盘问人需要依法采取拘留或者其他强制措施的，应当在前款规定的期间做出决定；在前款规定的期间不能做出上述决定的，应当立即释放被盘问人。

第三十五条

拒绝或者阻碍人民警察依法执行职务，有下列行为之一的，给予治安管理处罚：

（一）公然侮辱正在执行职务的人民警察的；

（二）阻碍人民警察调查取证的；

（三）拒绝或者阻碍人民警察执行追捕、搜查、救险等任务进入有关住所、场所的；

（四）对执行救人、救险、追捕、警卫等紧急任务的警车故意设置障碍的；

（五）有拒绝或者阻碍人民警察执行职务的其他行为的。

以暴力、威胁方法实施前款规定的行为，构成犯罪的，依法追究刑事责任。

《公安机关人民警察盘查规范》

第十条 对经过盘问，确认有违法犯罪行为或者嫌疑不能排除的，应当先对被盘查人依法进行人身检查，并进一步检查其携带物品。

对拒绝接受检查的，民警可依法将其带回公安机关继续盘问。

第十六条 对有违法犯罪嫌疑的人员当场盘问、检查后，不能排除其违法犯罪嫌疑，且具有下列情形之一的，民警可以将其带至公安机关继续盘问：

（一）被害人、证人控告或者指认其有犯罪行为的；

（二）有正在实施违反治安管理或者犯罪行为嫌疑的；

（三）有违反治安管理或者犯罪嫌疑且身份不明的；

（四）携带的物品可能是违反治安管理或者犯罪的赃物的。

相关案例：

某报女记者小周自述：2014年4月24日9时许，她正在浙江省苍南县某宾馆休息，房门反锁，外挂有"请勿打扰"的牌子。门外有人敲门，她没有理睬，随后房门被宾馆经理打开，四名男性进房检查（一人着警服，三名便衣），小周出示身份证、表明记者身份后，警察要求检验其尿液，小周要求将厕门锁上遭到拒绝。

有同行将小周的遭遇发布在微博上，引发广泛关注。当晚10点多，苍南县公安局官方微博"平安苍南Police"发文道歉，称派出所民警根据线索对灵溪镇某宾馆进行涉毒检查，"虽然民警是在正常履职，但在执法过程中确实存在未主动出示证件、没有女性工作人员配合的不规范问题，给该记者带来了不便和困扰。苍南县公安局深表歉意，敬请谅解。同时，苍南县公安局称将以此为戒，立即进行整改。对涉及此事件的警务人员将严肃依规做出处理。"

记者被验尿事,一种可能是警察正常执法,一种可能是针对性执法。后一种情形,也是以合法面貌出现,行的是警告之实,且很难有证据说是针对谁的。记者当然没有法外特权,更应遵纪守法,但我们也反对合法性伤害。

记者采访敏感事件时,不可避免地会遇到警察查房、查身份证等,面对这些情况,记者如何依法应对?

(一)警察是否有权力强制进入公民的房间?

《公安机关办理刑事案件程序规定》第217条规定,必须经县级以上公安机关负责人批准,侦查人员才可对犯罪嫌疑人或隐藏罪犯或犯罪证据的人进行搜查。因此这个事件中,警察如果是合理检查的话应该出示搜查证,否则一定是违法的。

《刑事诉讼法》规定,进行搜查,必须向被搜查人出示搜查证。在执行逮捕、拘留的时候,遇有紧急情况,不另用搜查证也可以进行搜查。

1999年1月18日最高人民检察院公布的《人民检察院刑事诉讼规则》规定:在执行逮捕、拘留的时候,遇有紧急情况,不另用搜查证也可以进行搜查。但搜查结束后,搜查人员应当及时向检察长报告,及时补办有关手续。

1998年5月14日公安部令第35号发布的《公安机关办理刑事案件程序规定》明确:执行拘留、逮捕的时候,遇有下列紧急情况之一的,不用搜查证也可以进行搜查:

(1)可能随身携带凶器的;
(2)可能隐藏爆炸、剧毒等危险物品的;
(3)可能隐匿、毁弃、转移犯罪证据的;
(4)可能隐匿其他犯罪嫌疑人的;
(5)其他突然发生的紧急情况。

2006年,浙江出台《浙江省旅馆业治安管理办法实施细则》,第9条规定:对旅客住宿的房间实施检查时,应当出具县级以上人民政府公安部门开具的检查证明。这被认为是公安规范执法素质的突破。公安执法应出具相关手续。

(二) 警察是否有权验该名女记者的尿？

基于合理的怀疑才能够检查当事人的尿液。我们不能够判断警方有没有接到关于违法犯罪的线索，但应该质疑，你为什么要检验我的尿液？如果接到举报，应该出具相关的书面文件。

姑息这样的行为发生，相当于任何一个公民在酒店住宿都可以遭到警察查房检验尿液，这是完全错误的。且应注意，《公安机关办理刑事案件程序规定》第218条规定，进行搜查时，除了出具搜查证，侦查人员不得少于2人，且被搜查时必须有见证人在场。

(三) 警察是否有权阻止该名女记者反锁厕所的门？

作为一个男性警察，去要求一个女性公民不锁门收集尿液是不恰当的。检验尿液一定程度上等同于对身体的搜查，《刑事诉讼法》规定，对于女性犯罪嫌疑人或是违法行为人，必须由女性警察去进行搜查。

(四) 记者在遭遇这样的情况时，该如何应对？

如果直接面临现实的危险或是威胁，从安全的角度出发，记者可以先配合，再控告。注意不要轻易把你的手机交给对方，应第一时间传出信息给亲友，最好一边交涉，一边用手机和外界交流。有条件的话可以进行录音录像，将来留作证据。

第八节　手机数据删除怎么办

2010年8月6日下午3点30分，瞭望东方周刊记者王立三和南方周末记者朝格图，在吉林桦甸采访洪灾时遭当地警方扣留调查。在派出所内他们遭到警察辱骂后，被强行删除了采访设备里面的录音和照片。

2013年5月28日上午，福州市一小吃店发生液化气爆燃，记者现场采访。见记者举起相机拍照，一名戴白色头盔的警察冲过来，二话没说，就掐住记者脖子，将记者逼向墙边，此时又有几名警察过来，要求记者删除照片。记者未依从，一警察将相机抢去。随后，多名警察将记者围在中间，强令记者自行删除照片。

……

实际工作中，记者有可能会被强制要求从存储设备（如MP3/MP4、录音笔、手机、相机等）上删除数据。删除了，辛苦得来的素材得而复失，会造成无法弥补的损失；坚持不删，会给自己造成更大的麻烦，有时甚至是人身伤害。

其实，我们完全不必和警察、保安等发生正面冲突。

一方面，可以采取措施及时将取得的采访素材保存到安全的地方；另一方面，应该掌握技术方法恢复被删除的数据。

一、如何传输？

如果是照片，我们可以用彩信、微信或其他即时通信工具发给同事或朋友，事先提醒他予以保存，即使自己手机里的照片被强行删除，仍然不会影响采访。

如果是音频文件，可以传输到自己的QQ空间予以保存。

二、如何恢复？

无论是手机、相机，还是录音笔，除非是专业人士操作，一般被删除的数据很容易就能找回来，有的可能要请专业人员才能恢复。

不管是存储卡还是硬盘，我们在删除文件时，只是删除文件分配表（用来记录文件所在位置的表格，如果丢失文件分配表，硬盘上的数据就无法定位而不能使用了）中文件存储位置的信息，而真实的文件信息还保存在存储设备上。这如同把一本书的目录全部撕毁，虽然有内容，但电脑认为它已经是空白。

如果在删除文件后，没有数据写入，软件几乎 100% 能够恢复这些数据，如果被写入数据，可能原有存储文件的位置已经被写入的数据占有，原有数据几乎不可能恢复。

所以在文件被删除后，一定不要继续写入数据，最保险的做法是把存储卡等拔下来装好。

第一种方法：

通过数据恢复软件找回被删除文件。

先下载一个数据恢复软件（如 FinalData，EasyRecovery 等）。

安装完成后，把存储卡插进读卡器（如果是手机 TF 卡，就取下来恢复，如果是使用手机内存，就把 TF 卡取下来，把手机数据线直接插上去），选择磁盘模式（另一个选项是充电模式）。

以 HTC328D 为例：

打开 EasyRecovery 汉化版，选择"数据恢复"，选择"删除恢复"，找到丢失文件的盘符，下一步，软件会自动扫描丢失的数据文件，选择"我的驱动器"，下一步，选择"恢复至本地驱动器"，它的意思是把扫描出来的数据恢复到本机中那个位置，选择好位置，继续"下一步"，然后就可以了。

第二种方法：

通过云技术恢复被删除文件。

云技术主要指把手机上的文件在云服务商那里也备份一次。例如，在智能手机用户主动启用云服务的情况下，手机上的关键数据（相册、短信、音视频文件等）都会被备份到云服务商那里。云服务商有手机自带的，如 iPhone 的 iCloud 服务、小米手机云；也有第三方，如金山公司的金山快盘。

但是，要依靠云技术来找回被删除文件，有两个条件：(1) 用户要主动启用过云服务；(2) 用户在删除手机上文件后没有把删除指令发送给云服务商。如果发送了，云服务商同样会删除那里的文件。如果两个条件都满足，就可以在获得用户云服务账户后找回被删除文件。

以小米手机为例。开启云服务，把短信、相册都备份到小米的云服务上。如果误删除或被迫删除一条短信，在手机与云同步前立即关机或者断开网络（关闭无线，取下 SIM 卡等），然后在电脑上登录小米云服务网站，就可以找回被删除的短信。

综上，先启动云服务，手机里的数据被删除后立即关机，数据就可以恢复。

第九节　暗访的界限与风险

暗访，指的是记者隐瞒身份或以其他身份出现，通过偷拍、偷录或亲历的方式进行的采访。这是调查记者使用比较多的采访方式。

如果正常采访能得到相关情况，相信不会有记者主动去暗访。暗访逐步被记者接受和使用，一个原因是，调查性报道的难度越来越大，如果记者亮明身份采访，不可能得到真实情况。另一个原因是，越是事件的核心当事人，越有能力"公关"掉记者的稿件，如果记者以真实身份采访，报道会功亏一篑，但职业规范又要求记者客观平衡，必须要采访到利益相关方。因此，暗访也是不得已采取的非常规措施。

记者要不要暗访，边界在哪里？学界与实务界认识不一，目前也没有明确的法律或规定出台。2005年5月10日，《国家广播电影电视总局印发关于切实加强和改进广播电视舆论监督工作的要求的通知》规定，不搞隐蔽拍摄和录音。但是，调查性报道中暗访的使用仍不可避免。

有一些问题是能够形成共识的，如记者暗访的唯一目的是得到事件真相，而不能是其他；记者暗访不能侵犯他人隐私和合法权益；记者暗访不能违反法律、规定和公序良俗。

2008年8月1日，《新华日报》刊发了一篇报道《十四万考生名单被出卖之后》[1]。这篇报道从南京女孩小丽"已到国外某高校入学却收到国内7所高校录取通知书"的遭遇入手，揭露出全省14万考生个人信息的泄密问题。进而通过采访，完整地呈现了个人信息泄露背后的利益链条：各种民办非学历办学机构采用欺骗

---

[1] 《新华日报》2008年8月1日A5版，获第十九届中国新闻奖二等奖。

的手段违规招生；招生代理为了赚钱购买考生个人信息，获取竞争优势；"有关部门"泄露考生个人信息。

但是，有学者对记者采访中的一些做法提出批评。中国人民大学新闻学院教授陈力丹认为，记者假冒购买考生个人信息者，真出了钱，甚至还被封为"招生副组长"，参与了一些违法活动。这是一种媒体社会职责上的僭越。

此外，记者以假身份诱导售卖者进行交易，在当事人并不知晓的情况下获取了大量私人信息，并对其中的20多个学生打电话验证真伪，已经对他人的隐私造成了一定的损害和侵扰。中央电视台新闻调查节目就有一条内部规定："无论如何，秘密调查都是一种欺骗。新闻不是欺骗的通行证，我们不能以目的的正当为由而不择手段。秘密调查不能用作一种常规的做法，也不能仅是为了增添报道的戏剧性而使用。"相形之下，这篇通讯的作者还缺乏这种职业规范的意识。[①] 记者能否出钱购买学生信息？笔者认为，这种做法应该是允许的。每年国考之前，我们经常看到出售高考试卷、考研答案的信息，只有买到试题，和真题对照，才能辨别真伪。要想拿到出售的试题，只能花钱购买。

应该说，记者的购买行为，并不形成对他人"上当受骗"的推动，最多是增加了骗子的收入。而如果通过验证真有试题或答案泄密，记者将所掌握的情况提供给有关部门或公开报道，维护的是多数人的合法权益。

或许，记者对名单中20多个学生打电话验证真伪，在一定程度上侵扰了他人的隐私，但这也是记者采访必须要做的一步。当然，记者可以适当减少样本数量。

在提出批评的同时，陈力丹老师也提出了采访建议，笔者深表赞同。

例如，记者可以采访一些受骗的家长，争取到几个开始自我反省的当事人，以采访到基本事实。

再如，记者还应采访考生个人信息管理部门的相关人员，即使他们拒绝采

---

① 陈力丹、肖若昕：《生动的报道　违规的暗访》，《新闻实践》2009年第10期。

访,这本身也是一种态度。现在的报道在这方面出现失衡。

暗访应在法律许可的范围内进行,记者不能在暗访中侵犯被采访人的人格,更不能违反法律规定。例如,《中华人民共和国国家安全法》第 21 条规定:任何个人和组织都不得非法持有、使用窃听、窃照等专用间谍器材。《中华人民共和国刑法》规定,"侵犯通信自由罪"是指隐匿、毁弃或者非法开拆他人信件,侵犯公民通信自由权利的行为。

举例来说,记者不能因采访私拆他人信件,进入他人电子邮箱,甚至盗取他人 QQ 号等。

事实上,记者的很多暗访行为,经常游走在合法与非法的边缘。因此,记者应明确哪些行为是合法的,受法律保护的,哪些行为又是禁止的,不受法律保护的。

2009 年 4 月 3 日,《中国青年报》刊发《贵州习水嫖宿幼女案调查》,独家披露了贵州习水县部分公职人员嫖宿幼女的犯罪行为,引起全国舆论对这类严重侵害未成年人权益事件的关注,并直接促成了案件的提级审理。

2009 年 7 月 24 日,贵州省遵义市中级人民法院公开宣判,以强迫卖淫罪判处袁荣会无期徒刑;以嫖宿幼女罪分别判处冯支洋有期徒刑 14 年,陈村有期徒刑 12 年,母明忠有期徒刑 10 年,冯勇、李守明、黄永亮、陈孟然有期徒刑各 7 年。

这篇报道的线索是由中国青年报驻贵州记者雷成得到的,最初 3 天的调查采访收获不大。

记者陈强介入后,起初进展缓慢,无奈最后装成嫖客进行暗访。当地人几次给他介绍"学生妹",他了解到一些有价值的线索后,总是找借口推托或溜掉。加上在当地经商的福建老乡的帮忙,他终于找到了受害学生的家长,并说服他们把事情的真相说出来。

报道刊发后,陈强回顾采访过程时感到有些"后怕",因为稍不留神就会触犯法律。

《中华人民共和国刑法》规定,嫖宿幼女罪,是指在嫖娼时与不满 14 周岁的卖淫幼女发生性行为的行为。这里的性行为包括幼女以生殖器、乳房、腹股沟、口等接触刺激男性生殖器官的各种行为。同时，这里的嫖宿行为应视为一个包括与卖淫幼女结识、谈价、支付、发生手淫、口淫、性交、肛交等与此有关行为的整体过程，行为人在嫖宿主观犯意的支配下，从事了上述过程中任一环节的，都应视为嫖宿，只是在认定嫖宿的既遂还是预备、未遂、中止形态上有所不同。

　　当然，这个法律规定，陈强在暗访时并不知道。幸运的是，他与3个貌似幼女的女孩只是见了面就走，没有进一步的接触。

第十节　记者与采访对象的关系

人与人相识，有时缘于很偶然的因素。记者与不同的采访对象建立联系，表面上看是因为某一具体的新闻事件，实际上不确定因素也很多。

有人说，记者采访，靠的是陌生人的慈悲。记者与采访对象素不相识，却因某一事件的发生，突然闯进他人的生活，或者要探究他们的过去，或者要搞清他们隐藏的秘密，讲或不讲，讲多讲少，全赖他们的权衡——有的蒙受冤屈，迫切地想向记者倾诉；有的怀揣隐私，试探性地透露一二。记者能否得到信息，有时主动权都掌握在陌生人手里。所以，从这个意义上说，记者应向每一个接受采访的人表示感谢，不管他是权利受到损害的弱者，还是正在服刑的犯人。

记者在与采访对象的交往中，应该注意哪些事项呢？

首先，要获得同意。新闻事件不同，事中人对媒体的态度自然不同，即使是同一个人，事件发展的不同时期，对媒体的态度也可能有所变化。

有的事件，核心事实只有极少数人掌握，他不开口，记者无从得知事件真相。因此，想要采访，首先要获得当事人的配合。有的采访对象容易说服甚至无须说服，有的采访对象可能一开始对采访就是抵触的，这就需要记者解释、说明，争取其对采访的支持，同意接受采访。

无论怎么说服，无论如何突破，记者都应牢记：你并不比你的采访对象聪明多少，你自作聪明以为千方百计"套"出来的内幕，可能是他故意放出来的。因此，如果双方能坦诚地采访／接受采访，记者充分获取信息，对信息的真伪作出判断就会相对容易。

其次，要保持头脑清醒。保持头脑清醒，不盲从，不轻信，知易行难，特别是在一些特定场合，由于采访机会难得或经验不足，记者容易对特定采访对象毫无保留地信任，在没有其他证据印证支持的情况下，对其发言有闻必录，成为某种声音的传声筒。

如果一个采访对象来到你面前，向你陈述自己的悲惨遭遇，你相信吗？你可能会嘴上说"不信"，但心理上会倾向同情此人：他说得这么可怜，当然说的都是真的了。

如果有了一定的经验教训，也许这样判断才是适合的：我相信你不会说谎，但我需要证据，也需要到现场采访。

事实证明，任何信息源都可能提供假消息。比如，海南省海口市琼山区人民检察院的一名副检察长和检察官，在向海南特区报记者介绍该院办理的一名警察"枪击无辜青年"案时，称之所以事发多年后能将警察抓捕，是因为全国人大常委会委员长吴邦国有批示。记者据此报道后引起广泛关注，但事后查明，根本没有所谓的委员长批示。

有经验的编辑会这样告诫年轻的记者，不要相信任何人，除非他能提供充足的证据。为什么要这样？事实上，并非"坏人"才会撒谎，即使合法权益受到损害的弱者，在向别人陈述不幸时，也会有意或无意地隐瞒对自己不利的细节，这些细节在他看来或许不算什么，但可能会直接影响记者对事件性质的判断。先入为主地认定某些事是这样的，采访是为了印证"确实是这样"，这样的心态只会给采访带来被动。

正确的做法是，听到一方反映的情况，采访证明或证伪，抑或有真有假，有虚有实，采访是为了掌握真实而全面的信息，记者的工作是搜集相关证据。对于那些没有证据的事，哪怕听起来再生动，也不能写进报道中去。

再次，不要轻易承诺。采访对象不同，面对记者的表现也会形形色色，一些人会说："这种事儿也算新闻吗，有什么值得采访的"，然后严肃地和记者讨论什么样的新闻才有价值；也有的向记者提出要求：我要审稿，报道不能出现我的名字，我今天说的你一个字都不能写……

面对这些要求，记者应该怎么回答呢？当面拒绝，可能会引发采访对象更强烈的反应；满口应承，不能兑现，会使自己陷入被动。恰当的做法，应当让采访对象明白：你的要求我会认真考虑，但我既没有应允，也没有拒绝。

最后，要保持适当的距离。采访的过程，就是和不同的人打交道的过程。有时采访结束，恰是记者和采访对象友谊的开始。

但是，无论是一次性打交道，还是长期交往，特别是在新闻事件尚未结束时，记者都要和采访对象保持适当的距离，分清工作关系和朋友关系。

有的记者，听到一个好的报道线索，激动地告诉当事人：你不要找别的记者了，我来给你报道。一旦问题得不到解决，当事人会来找记者：要不是你不让我找别的记者，我的问题早就解决了，你要负责给我解决。

也有的记者，采访中超越职责范围，给采访对象出谋划策，甚至成为新闻的策划人、当事人的新闻发言人，记者成了新闻的一部分。如果采访对象的诉求得不到满足，也会转而向记者施加压力。

对采访对象，记者应抱着坦诚、开放的心态，积极接触，小心接受，保持距离，时刻牢记自己的身份与职责，不缺位不越界，不轻易许诺，不乱提要求，谨言慎行。

第三章　调查性报道的写作

原清华大学国文系主任刘文典曾说,写好文章,只需注意观世音菩萨就行了。他解释说:"观,就是要多观察;世,是要懂得世故;音,是要讲究音韵;菩萨,即是要有救苦救难,为广大老百姓服务的菩萨心肠。"

应该说,这句话也适用于记者。

先说"观"。对记者来说,采访,不能只会用嘴问,用耳朵听,然后用笔记下来。还要调动一切感官,如用鼻子闻,用手感知温度、硬度,观察采访对象的神态、语速、衣着、周边环境等,把这些细节有机地融入稿件中,让读者更加真切地感受人物的生存状态。

再说"世"。古人说:"世事洞明皆学问,人情练达即文章。"一个新闻事件发生,记者突然介入,千头万绪如何理清?新闻当事人可能是生活在大城市的边缘人,也可能是小县城里的风云人物,怎样的环境造就了他为人处事的风格?采访一个农民工,10块钱一包的石林烟也许胜过80元一包的中华烟……记者只有了解并按照不同群体的规则行事,才能在最短的时间内取得别人的信任,从而顺利地完成采访。

再说"音"。古诗讲音韵,文章讲节奏。同样一个事件,有的记者写的报道事实准确,逻辑清晰,语言活泼,读完意犹未尽。而有的记者写出来却味同嚼蜡,甚至读完第一段就不想读了。特别对于篇幅较长的调查性报道来说,记者不能把采访到的素材堆到一起了事,而是要在谋篇布局上下功夫,开头要吸引读者,主体要有逻辑性,用概括、总结等方法,详略得当,吸引读者不停地往下读。

最后说"菩萨"。好记者代表着社会的良心。通过记者的艰苦劳动,弘扬真善美，鞭挞假恶丑，传播社会正能量。

　　一篇优秀的报道，文字要有节奏感和逻辑性，每一段都由短句构成，段落之间有紧密的联系，同时由上一段引出下一段。犹如一列前进的火车，前面的车厢连接并带动后面的车厢。所以，一定要使用"火车式的句型"，"挂钩"尽量简短，剔除那些冗长的信息。

　　写作要形成自己的风格，读者能从作品中感受到作者独有的个人魅力和性格特征。多数记者，称职但没有风格。

　　我们期待的报道，应该是让读者一口气读完，从导语开始吸引他，读完第一段，他想知道为什么是这样，下一段刚好回答了他的疑问，同时告诉他即将阅读的一段会更吸引人。

　　优秀的写作从来都是痛苦的产物。如果你没有受伤，说明你没有尽力。以笔者供职的中国青年报冰点周刊为例，有很多记者写稿时养成了怪癖，比如，有的记者要边写稿边拖地，有的记者写稿时会比平时更频繁地去洗手间。显然，这是一种缓解压力和焦虑情绪的方法。

　　这种痛苦应该是有回报的，回报即是将一堆材料变成一篇成功的作品而产生的满足感。遗憾的是，很多作者体会到了痛苦，但很少得到这种满足。

　　好的作品表明，文字的力量在于精准，即使是强烈反对你的人也不得不承认你的表述全面、准确、无懈可击；文字的魅力在于画面感，寥寥数字即可营造出一个意境。

　　好报道还要有细节。对于一篇揭露上市公司财务造假、关联交易的报道，读者或许记不清从 A 到 E 的利益输送路径，但肯定会对高尔夫球场上的秘密交易细节印象深刻。

调查性报道写作应注意的问题

　　中国青年报原副总编辑周志春总结了舆论监督的八项操作原则：

（1）事实原则。用白描写事实，不要在稿子中使用形容词、副词，更不要显示文采滥用形容词，如千方百计、百般刁难等。事实本来包括言、行、结果。写作中，尽量不要有"言"，因为"言"最容易否认。

（2）脊梁原则。只讲主要事实，能反映本质的、最有把握的事实。

（3）法定证据原则。必须掌握最主要的证据。

（4）平衡原则。要给利益双方或多方平等的申辩机会，也给记者超脱事外提供了可能。

（5）回避原则。如果媒体或记者本人和被采访对象存在利益冲突，应当主动回避。此外，记者采访中要和所有被采访对象保持距离。

（6）无欲原则。记者不能为了名或利而写作。

（7）正负效应原则。

（8）保密原则。

第一节 扎进去与跳出来

与一般报道不同，调查性报道不仅要交代时间、地点、人物等新闻要素，还要回答"怎么样"和"为什么"。同时，调查性报道涉及的人物关系复杂、时间跨度大，需要读者认真阅读才能理清利益关系。因此，如何吸引受众、方便阅读，考验着记者的写作功力。

需要明确的是，稿子不是写得越长越有深度。用最少的字说清最复杂的事，才是高手。在一个浅阅读时代，人们更喜欢看140字以内的文字，或图表、动漫，调查性报道的读者正在结构性减少。因应这种变化，调查性报道正在改变过去动辄8000字、上下篇的方式，力图用4000字或系列短篇的形式呈现。

怎样才能用最少的文字说清最复杂的事件？对记者来说，扎进去与跳出来同样重要。

所谓"扎进去"，要求记者深入了解事件原委，尽可能掌握更多信息，从而梳理出问题的核心。

所谓"跳出来"，就是要站在相对超脱的位置，以更宏观的视角看待、分析新闻事件，讲故事而不陷入其中。

复杂问题简单化，记者要有提炼概括的能力。一个新闻事件，无论多么复杂，记者采访结束后，应该能用一句话或一个词概括，这就是新闻的标题。如果用100个字还说不清，要么是你自己还没明白，要么是采访不应该结束。

写报道，更多的是讲故事，但并不是每个题目都适合当故事讲。但是，不论哪种情况，都要在结构上下功夫，确定先讲什么，后讲什么。

对于有经验的记者来说，随着采访的深入，故事的框架会在脑海中渐渐明晰，据此确定下一步采访需要补充的内容。如同一个木匠制作一张桌子，桌子的形状清晰了，再去思考花纹、颜色等细节，就会容易很多。

我们向朋友说一件好玩儿的事，肯定是要从最好玩儿的地方讲起，而不会说，"今天早上，我吃了早饭，离开家，走在马路上，看见了两个人……"同样，写稿子时，我们也应把最吸引人的地方亮出来，它们或是一个场景，或是一段点题的文字。

以财新《新世纪》报道《删帖生意》（见 2013 年第 6 期）为例：

> 2012 年 7 月中旬的一个周一上午，位于北京最繁华商圈之一的三里屯 SOHO 开进了三辆警务大巴，100 多名警察冲入新讯天下广告传媒有限公司（下称新讯传媒）和雅歌时代广告传媒有限公司（下称雅歌时代）的办公室，一部分警察负责控制在场员工，另一部分警察搜查办公电脑，当场封存了所有员工的 QQ 聊天记录。随后，在场 100 多名员工（包括清洁工阿姨）都被带上大巴，15 时左右分送海淀区各派出所做笔录。

开头的场景描写，让读者仿佛置身抓捕现场，产生阅读兴趣。

> 据当时在场人士回忆，北京市海淀区公安局因人手不够，连法医都加入了这次大规模抓捕行动。此次抓捕，源于一个为期两月的整治非法网络公关行为专项行动，由中央外宣办、工业和信息化部、公安部、国家工商总局等四部门联合部署，从 2012 年 4 月起在全国范围内展开，其中重案由公安部直接启动。

交代事件背景，凸显这篇新闻的价值所在。

> 大多数员工被关押至第二天晚上，警方询问的内容主要是描述日常从事何种工作。一位员工对于警方如此大规模行动颇为不解："新讯传

媒的业务只是帮助客户企业在一些合作网站上发软文而已。"在他快离开派出所时，一位警官反问他："你们不知道删帖是违法的吗？"

以问题结束，引发读者思考。

很多业务员不知道他们日常工作的内容——删帖行为违法。根据《中华人民共和国刑法》第164条，对网站工作人员的行贿涉及"对非国家工作人员行贿罪"；对属于政府工作人员的网管办或网监处官员的行贿，则涉及《刑法》第389条规定的"行贿罪"。个别情况下，也涉及"敲诈勒索罪"。联合网站主动发布负面信息，找企业联系业务，即属此类。

从法律角度分析事件，告诉读者，这条新闻说的是新生事物，值得关注。

想好一个故事应该怎样讲，只是第一步。接下来要考虑讲故事的方式和技巧，让听众相信你的故事是真实可信的，最好是引人入胜的，才算达到了我们的目的。

第二节 真实与客观

真实是新闻的生命。新闻的真实性指的是在新闻报道中的每一个具体事实必须合乎客观实际,即新闻报道中的时间、地点、人物、事件、原因和经过都必须是真实的、可以验证的。

一篇报道,只有真实可信,才会有力量。相反,一些报道,哪怕一时引起广泛关注,一旦被查明是虚假新闻,作者、刊发媒体的公信力都会受到严重损害。

保证新闻的真实性,是对记者的一项基本要求,包括采访时要认真核对人名、地名、时间、事件经过等诸多要素,写作时要认真细致,不出或少出差错,尤其要避免出现事实性一类的低级错误。

2012年5月28日,陕西省华阴市委宣传部发布《关于华阴市委副书记李新功同志被误认为河南永城市涉嫌强奸少女案犯李新功的说明》。

事件起因是,2012年5月26日21时整,河南永城市委外宣办在其官方网站永城市门户网上公告原永城市委办公室副主任李新功强奸10余名少女被刑拘的信息。此后,腾讯网、凤凰网、人民网、新浪网等数十家网站相继转帖,某些网站分别于当日21时16分、18分以源引形式转帖文字内容并配发图片,广东卫视、广东东莞时报、中央电视台、华商报又分别于27日、28日发布视频新闻和报纸,但其所配发图片均非河南永城涉案李新功,而是我市市委副书记李新功,此事件纯属张冠李戴。

华阴市委宣传部的《说明》称,"事件发生后,我市外宣办通过各方努力联系相关网站、电视台和报刊,截至目前收效甚微,且转帖覆盖面不断扩大,已给我市和李新功同志造成极为恶劣的影响"。

当然,对于调查性报道来说,稿件的真实性要求会更高。因为报道会涉及利益冲突,有时哪怕很小的差错,都会造成重大的利益损失。

更重要的是,调查性报道的诉讼风险比较高,属于新闻官司相对高发的新闻种类,因此除要做到新闻真实外,还应尽量保证达到法律真实,以期一旦陷于诉讼,能够掌握主动。

有学者论述称,人们通常所说的真实分为客观真实、法律真实和新闻真实。

客观真实指新闻报道中的每一个具体事实必须是真实发生过的,不能虚拟、想象、夸大或缩小。

法律意义上的真实,指的是报道的事实应当是有证据支持和证明的事实。从司法的角度说,法律真实是指:"公、检、法机关在刑事诉讼证明的过程中,运用证据对案件事实的认定应当符合刑事诉讼和程序法的规定,应当达到从法律的角度认为是真实的程度"。也就是说,作为裁断依据的事实不是社会经验层面上的客观事实,而是经过法律程序重塑的事实,该事实因符合法定的标准而作为定罪量刑的依据。

具体到新闻作品,是要求每一个字、每一句话都要有出处,有证据,且这些证据符合证据规则的要求,从形式到内容都能够得到法律的认可。

举一个略显夸张的例子:

某人在公共场合宣称,他亲手击毙了恐怖组织头目本·拉登。记者据此写下新闻,被投诉为虚假新闻。

从客观真实来说,确实有人说出了这样一句话,记者进行了客观记录。从法律真实来说,记者提供录音或证人证言,足以证明并非记者捏造事实。

但是,这条新闻还是有问题的。因为新闻真实,除了言之有据,记者还应做到确信真实,即从常识判断一些言行是否真实可信。当然,如果要让记者对每一个被采访者的言论负责,也是不现实的,判断是否应该引用某一言论,应有其他证据支持。

与真实性密切相关的，是报道的客观。笔者认为，从来不存在纯粹的客观报道。记者采访一件事，不可能把得到的所有素材都写进报道，舍弃哪些，使用哪些？写进稿子的材料，用多少，怎么用？都取决于记者的判断，既然有判断，就不会完全客观。

但是，作为记者来说，采访时要尽量做到客观公正，不能先入为主，戴着有色眼镜去采访，在了解事实、全面掌握信息后再作出判断。写作时，要全面、准确地反映不同利益方的主要观点，不故意歪曲、剪裁、嫁接他人的言论。

客观性的具体操作要求是：

（1）提供争论双方或多方的观点，以便在相互冲突甚至对立的情况下让受众辨别出对手之间的真实主张。

（2）提供代表这些主张的真实描述。

（3）直接引语指明这是消息来源，而不是记者个人的描述。

第三节　逻辑严谨

一般来说，调查性报道的对象是涉及公共利益的事件，有的事件发生的时间长、涉及面广，有的事件涉及复杂的利益关系或法律关系。不管多复杂的关系，记者都应用尽量简洁的文字进行表述，同时要让读者读得下去，看得明白。

同时，从应对诉讼的角度出发，调查性报道不应止步于以上要求，还应做到证据链条完整，逻辑严谨。

我们来看 2012 年的一篇报道：

> 高校历史是怎样造假的？
>
> 武汉大学近日宣布 120 周年校庆年正式启动，众多质疑认为武大前身只能追溯到 1913 年，与张之洞创办的自强学堂并无传承关系。其实伪造校史的又何止武大，各大高校为了追求所谓底蕴，对校史造假可谓用尽方法不惜手段。生拉硬扯修的校史，也制造了不少笑谈。
>
> ……

报道开始说，有人质疑武汉大学的前身与自强学堂没有关系，所谓 120 周年校庆有伪造之嫌。注意，只是质疑。

但接下来说，"其实伪造校史的又何止武大，各大高校为了追求所谓底蕴，对校史造假可谓用尽方法不惜手段……"，一段文字，犯了两个错误：一是作者已经认定武汉大学校史造假了；二是作者认定"各大高校"都对校史造假，且"用尽办法不惜手段"。显然，如果武汉大学提起诉讼，作者败诉的可能性是很大的。

那么，怎样才能避免引发官司呢？可以做如下改动：

（某些）高校历史是怎样造假的？

武汉大学近日宣布120周年校庆年正式启动，众多质疑认为武大前身只能追溯到1913年，与张之洞创办的自强学堂并无传承关系。

其实，校史遭到质疑的又何止武大，比如……

某些高校为了追求所谓底蕴，对校史造假可谓用尽方法不惜手段。生拉硬扯修的校史，也制造了不少笑谈。

……

调查性报道要有严密的逻辑。但应该注意的是，逻辑严密不等于作者可以进行"推理"。如果我们掌握A、B、C三项证据，那么，稿件中只需要写明这三项证据即可，而不能在稿件中由此推断出D。

报道中的暗示会成为潜在的风险。比如，一篇报道说：

贾跃亭早年的一位生意伙伴告诉记者，1998年的贾跃亭，为了介入移动基站建设，曾怀揣20万元现金，蹲守在山西联通一位领导家门口。

这位生意伙伴说，当时贾全部身家大约30万元左右，他找到一名负责基站建设的山西联通领导，希望可以拿到一些项目，而此前他并不认识对方。为了表达诚意并达到目的，他在对方家门口站了一个晚上。

此后，贾跃亭接到了一笔大项目——当地移动运营商大建基站，而贾跃亭做的就是为基站生产和安装避雷器。他的西贝尔事业由此开始。

虽然作者没有明确说明，但读者会得出结论：贾跃亭是靠行贿得到的为基站安装避雷器的项目。但是，支持这一"指控"的证据只是单一来源的言辞证据，证明力很弱，如果双方对簿公堂，刊发报道的媒体会很被动。

观察近年来的一些反腐题材报道，靠暗示弥补逻辑链缺失的倾向值得重视。比如，某商人依靠官商勾结得到一项重大工程，获得高额利润。但记者获得"勾结"的直接证据很难，报道方式便成了"知情人士指控＋公开报道可查的工程项目"。

人们常说，打官司就是打证据。如果不能得到直接的扎实的证据，记者最好不要把这些内容写进报道。

还有的报道，看似逻辑严密，其实仔细研究会发现漏洞很多。

以《谁盗卖了季羡林的藏品》[①]为例。

10月24日，正在哈尔滨的新华社记者唐师曾收到一封邮件："季羡林先生处在危险中，藏画被盗卖，你是先生的朋友，你必须救救他！"

唐师曾与季羡林相识10多年，而且知道季羡林先生住在301医院。但并不认识发信人张衡。他回复："我不认识你，凭什么相信你？"

发信人显然很急，立即发来了季羡林5份手迹的扫描件："季先生的字你总会认识吧？"

"季先生被称为国宝，国宝的宝竟然被偷着拍卖了！"唐师曾深感震惊。

10月28日，唐师曾赶回北京，见到了举报人张衡，张衡提供的情况再次让他震惊。

"这种流散方式很不正常"

张衡是季羡林的朋友，也是一名收藏爱好者，在北京开设了一家美术馆。

2007年4月27日，张衡参加了北京金兆艺术品拍卖会中国书画专场拍卖会。拍卖会上，他发现了季羡林收藏的16幅书画作品，包括费

[①] 刘万永：《谁盗卖了季羡林的藏品》，《中国青年报》2008年10月30日。

孝通、吴祖光、臧克家等名人的书画作品。北京金兆艺术品拍卖公司印发的拍卖图录册标明:"季羡林上款,同一藏家友情提供"。

张衡解释说:"'季羡林上款'的意思是,这些作品的受赠人是季羡林,'同一藏家友情提供'说明这些书画的卖主是同一个人。"

"按照季羡林的性格,他不会把这些藏品扔出来换钱花。"张衡对中国青年报记者说。

张衡说,根据常识和自己的鉴定能力,他认为这些拍卖品是真的,于是拍下了14件,成交价共6.1万元。

此后,张衡陆续参加了在北京举行的几次小型拍卖会,又发现了10多件季羡林的藏品。出于多种原因,他又拍下了10件,成交价共计1万多元。

张衡说:"不管出于什么原因,季羡林的藏品这样流散出来都是很不正常的。"

张衡说,他很想向季羡林当面求证这批书画作品是不是季老授权拍卖的,但季老住在301医院,见面须经北大和301医院批准,以他的身份,见面非常困难。

张衡认为,不管季羡林的藏品是否属于被偷卖,自己都应该和北大打招呼,提醒学校加强管理。

张衡给北大校办通了电话。"校办很客气,表示要通知有关方面,还留下了我的电话。"

张衡说,10多天过去了,北大校办没有给他回话。但他却意外地接到了季羡林秘书杨锐的电话。张衡说:"她很不客气,质问我,你是山东大学的人,凭什么管我们北大的事?"

张衡说:"我越来越感觉季羡林先生处境危险。"

季羡林：从没委托别人卖画

10月28日晚，唐师曾和张衡等人设法在301医院见到了季羡林。

唐师曾说，季老神志清醒，说话很有条理。

唐师曾向中国青年报记者播放了他采访季羡林的DV录像。

录像中，唐师曾问："您家里的藏画是怎么流出去的？"

季羡林答："过程不知道，但很多人都知道这件事。"

问："多长时间了？"

季羡林答："丢画两三年了。"

问："为什么不报案？"

季羡林答："小事一桩，不知道怎么传出去的，以为就是（别人）偷几幅画卖，看来（现在）认识是不够了。"

采访中，季羡林还表示，他不缺钱，没必要去卖画，他也从来没有委托别人去卖画。

10月20日，季羡林手书了一份证明：我从来没有委托任何人拍卖我收藏的字画和其他物品。因为我并不需要钱，上述流言，别有用心，请大家千万不要上当。

采访临近结束时，季羡林多次表示，他不愿意住在301医院，住院的费用也由自己承担。他说："我希望回北大去。"

多次反映没有结果

张衡对本报记者说："收藏季老书画藏品时，我考虑了很多，唯一没有考虑的是举报。"

但现在，张衡只能向媒体求助，因为北大至今没有给他任何回复。

10月16日，张衡再次给北大校办打电话，反映季羡林藏品被盗卖一事。

第二天，北大校办督察室工作人员乔淑芝等两人会见了张衡夫妇。会谈持续了一个半小时，乔淑芝等做了书面记录。

10月20日，张衡带着季羡林的5封亲笔信直报北大领导。

10月22日，张衡给北京301医院领导写信请求立即加强防范措施，确保季老的安全；立即询问季老的个人意见，了解相关情况；尽快与北大党委取得联系，核实相关情况。

10月23日，张衡再次给北大领导写信称："未得到北大领导的回应，实在是出乎意料和不可思议。"他希望，立即派人到301医院看望季老，了解他本人的意思；立即派人接替杨锐的工作。

藏品被谁盗卖？

2001年7月6日，90高龄的季羡林先生将珍贵的图书、手稿、字画等藏品亲手捐献给北大图书馆。此次捐献的100多幅字画珍品中，年代最远的是宋朝的，近代的有齐白石的作品。

张衡说，此次被盗卖的书画藏品和季羡林捐赠给北大的不是一回事，而是季老家中的藏品。

张衡说，季老在北大有一套两居室，大门钥匙由"小方"保管。小方曾长期照顾季羡林，50岁左右，季羡林称呼他为"小方"。房间钥匙先由季羡林秘书李玉洁保管，李玉洁生病后交现任秘书杨锐保管。

今年9月30日，季羡林书面通知小方：没有我的签字，任何人都不许进入我的房间。

10月23日，李玉洁提供了书面证言：金兆公司图中编号为526的书法作品是吴祖光、新凤霞来贺老先生90大寿时带来的礼品。字画534号（臧克家书法立轴）是我亲眼所见。521号是我扛过去的。以上作品我在2001年秋交给杨锐保管。

此前的10月1日，季羡林给温家宝总理写信说："我现在需要一位助手。山东大学某同志是我多年的老友，他最适合担任这个工作。"

10月16日，季羡林给闵维方写信说："经过仔细的考虑，我认为，像我这样什么实际工作都没有的人，有一个所谓秘书是多此一举。建议取消。"

同一天，他再次写信说："杨锐女士太辛苦。她有一个家庭需要管理，还有自己的社会活动，我实在不忍心看她每天还要到医院来。"

10月29日晚，记者拨打杨锐的手机，电话已关机。

当晚，季羡林弟子、复旦大学教授钱文忠在博客上撰文说，季羡林先生的女儿、女婿去世多年。孙子、孙女、外孙都和各自的配偶、孩子生活在北美。先生的儿子也已年过古稀，有自己的专业领域，"先生的后代都没有依赖先生"。

他认为，要查清楚这件事情其实并不难，拍卖公司是有严格手续的，只要到拍卖公司去查一下，看看是什么人将这些字画送去拍卖的；或者顺着这条线查下去，事情不就水落石出了吗？

张衡说，他已经就此向北京市海淀区公安分局报案。

《中国青年报》北京10月29日电

分析这篇报道可知，证据链条如下：

(1) 收藏爱好者张衡称，在拍卖会上拍得季羡林的书画藏品。

(2) 季羡林在视频中称，从来没有委托他人出售藏品，自己的藏品被偷了。

(3) 张衡说，此次被盗卖的书画藏品和季羡林捐赠给北大的不是一回事，而是季老家中的藏品。

(4) 李玉洁书面证言：金兆公司图中编号为526的书法作品是吴祖光、新凤霞来贺老先生90大寿时带来的礼品。字画534号（臧克家书法立轴）是我亲眼所见。521号是我扛过去的。以上作品我在2001年秋交给秘书杨锐保管。

(5) 张衡称，已经向警方报案。

（6）杨锐对媒体询问不予回应。

乍一看，这是一个非常严谨的证据链条，结论是"杨锐偷盗了季羡林的藏品"。但是，这个结论是错误的。

事实上，以上证据，只有季羡林视频的真实性可以保证，其他都值得怀疑。

比如，所谓收藏爱好者张衡的话可信程度有多高，不清楚。我们知道，拍卖公司对拍卖品的真伪并不负责，经常有赝品被拍出高价。那么，张衡所说拍得的季羡林的藏品，是不是季羡林所藏呢？不知道。他说，"根据常识和自己的鉴定能力，他认为这些拍卖品是真的"，问题是，记者无法判断他是否具有自己所说的"常识和鉴定能力"。再说，一个人即使有"常识和鉴定能力"，也有看走眼的时候。甚至，"张衡"这个名字是真名还是假名，记者都难以分辨。

2008年11月，北京大学新闻发言人通报了所谓"季羡林藏品外流拍卖"的调查情况。称已经查明，"举报人"张衡所掌握的这批字画中，不仅有伪造艾青、臧克家等知名人士的作品，还有仿冒、伪造刘华清、费孝通等原党和国家领导人的题字，影响极其恶劣。

2009年12月21日，北京警方发布消息称，已故著名学者季羡林北大旧居的被盗物品已经全部追回，两名犯罪嫌疑人方咸如、王如被刑事拘留。

2012年2月17日，两人被取保候审。

2013年3月3日，媒体报道称，北京市第一中级人民法院负责此案的法官称，本案仍在审理中。

再看下面的例子。

2014年7月28日，某报发表《沉浮郭振玺》。

在"刷新的朋友圈"一节有如下内容：

> 从朋友圈中被刷新掉，甄炎认为郭振玺"薄情寡义"。
>
> 而与郭振玺熟识的央视知名财经评论人则对郭振玺表示理解：农家出身的都巴不得快点脱离原来的圈子，比如我和我亲弟弟都没有什么共

同语言。在他的眼里，郭振玺厚道、仗义，在财经媒体的运作上有着极为前瞻的眼光。

央视财经频道一位记者表示："仗义和厚道，要看对象是谁。郭振玺曾经对一位领导拍着胸脯承诺，生活上的事情我全包了。"

2003年，那位郭的"发小"举家到北京旅游，另外一个目的是找郭振玺帮忙办理一件私事。当时，郭振玺已经升任中央电视台广告部主任。"我有他的电话，但是没有打。"他回忆，在位于南礼士路的一家茶馆等了一个小时后，郭振玺赶到见了他10分钟，后来通过他的三弟转告"办不成"，此后再也没有消息。

这段内容，给读者的印象是：郭振玺发迹后抛弃了原来很好的朋友，薄情寡义，人品恶劣。

但是，如果仔细分析，我们会发现这些描写在逻辑上是存在问题的。

如，"发小"到北京，有事相求，郭只见了10分钟，后通过他人转告所托之事办不成。报道没有说明所求到底何事，郭拒绝，有多种可能，比如，所求是他不能办的事，拒绝很正常；所求如果是阻止记者报道的事，郭拒绝还是正当甚至正义的。

对记者来说，采访得到的素材，哪些能用、哪些要舍弃，是需要认真判断的。最终呈现给读者的，应该是符合逻辑的，这种逻辑就是，你要用某一事例说明某一问题，事例和问题之间要有直接的、必然的因果关系，而不是向读者提供似是而非的信息，或者忽略其他因素，只提供一"因"，引导读者得出作者希望得出的"果"。

那么，该如何判断素材的取舍呢？记者要清楚前因后果，然后才能作出正确判断。

具体到上述报道，记者在采访时应该追问："你想让郭振玺给你帮什么忙？"或者"你求他什么性质的事？"得到相应答案后，再对该素材作出判断。如果采访对象拒绝说明，记者认为值得写入报道，也应注明"此人拒绝透露所求何事"。

记者的采访，重要的一点是，用专业判断排除所有的不确定性和疑问，向读者提供明确清晰的信息，供读者作出准确判断。

第四节　写作的禁忌

如果说一篇报道是一座建筑，消息源就是建筑的"地基"。消息源应该是真实、准确、多源核实。即使某些时候不得不在见报稿中使用匿名信源，记者也应确保消息源的真实可靠。

对于一名记者来说，信源非常重要，不仅能及时、准确地为你提供线索，更能让读者确信消息的准确性。

一名调查记者不能成为信息的搬运工，某人说什么就在报道中写什么，即"有闻必录"，而是应该首先去核实内容的真实性。

权威消息来源的构成要件是：

（1）发布消息的机关是国家机关等权威机关；

（2）消息的真实性由发布消息的权威机关负责，媒体不必进行调查核实；

（3）媒体报道时未添加其他不实事实或者诽谤、侮辱性文字，或者未添加引人误解的不当标题，或者没有删减事实。

权威媒体发布的消息不属于权威消息来源。

在调查性报道中，很多人同意提供信息，但不愿意公布名字，或者如果公布了名字将面临不利的后果，这时，信源会以"一位不愿意透露姓名的人士"的方式出现。

一般来说，媒体过去强调较多的是对信源的保护，即使面临诉讼，也不能公开信源，这是职业道德问题。比如，1972年，华盛顿邮报记者鲍勃·伍德沃德和卡尔·伯恩斯依据线人"深喉"的消息，捅开"水门事件"的内幕，导致当时的美国总统尼克松辞职。事后，这两名记者一直拒绝透露线人的身份。直到2005年5月31日，美国联邦调查局前副局长马克·费尔特承认自己就是"水门事件"

中那个曾被称为"深喉"的人,其身份才得以曝光。

不公布信源的真实身份,一方面可以保护信源,同时也有利于保证信息的独家性。

但从另一个角度来说,更多的时候,报道中应该公开交代出消息来源,这不仅是为了增强信息的可靠性,更是为了避免自己以后面临不利的局面。当然,公开的前提是信息提供者不会因报道合法权益受到任何损害。

2006年2月24日,《海南特区报》刊发报道《警察枪击无辜青年 吴邦国批示讨回公道》,报道介绍了2000年发生的一个案件:一名青年骑摩托车上街买菜,看到税务所设卡收税,因没有缴纳车船使用税,他担心被罚款,于是调头离开,一名警察突开两枪将其击伤。警察要求私了遭拒后,竟谎称该青年是在逃犯罪嫌疑人,公安局在没有深入调查的情况下,认定民警开枪是正当的,予以通报表扬。多年来,无辜青年四处反映自己的冤情,但没人理睬。报道刊发时,开枪警察已被批捕。事件的转折点是时任全国人大常委会委员长吴邦国在受害人的申诉材料上作了批示。

这篇报道影响很大,撰写稿件的记者在2009年7月的一篇博文中记载:"稿件刊发后,全国媒体快步跟进,新华社、中新社、中央电视台,总之带国字头的和没带国字头的媒体很多都来了,凤凰卫视《文涛拍案》几乎全文照读。"

凭借巨大反响,该报道及追踪报道获得了第17届海南新闻奖特别奖。

应该说,这篇报道的新闻是"吴邦国委员长的批示"。但麻烦也出在了这里,因为2007年8月10日,全国人大常委会办公厅信访局回函称:"经查,无此批示。"

因为"警察枪击无辜青年"案,东方市公安局几名警察先后被判刑,这几名警察坚持申诉,除一名警察外,其余几人几年后均被判无罪。

在全国人大常委会办公厅信访局证明根本没有这个批示后,公安部曾要求海南省公安厅调查"假委员长批示"出炉过程,调查报告称:"(海南省公安厅)工作组与海南省人民检察院共同研究后认为,该报道确实存在失实的地方,该报社负责人对这一报道稿件审核把关不严。"

实际上,《海南特区报》本可避免这一指责。

采访记者说,报道线索是海口市琼山区人民检察院提供的,吴邦国批示是检察官王昌泽和副检察长王干向他证实的。当时,他还联系了摄影记者准备拍摄该批示,但王昌泽和王干以保密为由予以拒绝。

在见报稿件中,关于吴邦国委员长批示,是这样表述的:"据琼山区检察院一位人士向记者透露,该案在这么短的时间内侦查完毕,是因为吴邦国委员长亲自作了批示,由全国人大转给省检察院,省检指定琼山区检察院办理。"

在这里,信源被模糊处理了。

然而,面临公安部门的调查,记者的陈述变成了一面之词。检察院相关人员矢口否认。

王干称:"本来就没有批示,我怎么会对记者讲有批示呢?"

王昌泽则拒绝回答是谁捏造了批示,称自己没有在任何媒体上发表过报道,也从未投过稿。

所幸,海南省公安厅调查认为:"但在侦查过程中,客观上没有证据证实采访记者等人收取他人的财物,也没有发现他们有主观恶意报道和诽谤行为,故不具备立案侦查的条件。"①

需要指出的是,这篇报道刊发时,检察官"王昌泽"是署名作者之一,琼山区人民检察院将该报道及凤凰卫视等61家媒体的转载报道、评论列为被告"造成恶劣社会影响"应追究刑事责任的主要证据。

如果记者在稿件中明确指出提供"吴邦国委员长批示"的信源是谁,就可以避免遭受调查及可能存在的风险。

---

① 相关内容见《假"委员长批示"见报记》,《中国青年报》2010年7月7日。

举例：

究竟是谁花钱在假刊上发表论文？

作者单位类型	论文数量（篇）	所占总体比例（%）
大中专院校	230	87.79
企业	12	4.58
中学	10	3.82
小学	1	0.38
幼儿园	1	0.38
其他单位	8	3.05

《北京电力高等专科学校学报》第30卷2013年社会科学版第02期上总共259篇论文，其作者以大中专院校的老师为主，教授、副教授，甚至还有副校长，讲师和助教更是随处可见，涉及我国31个地区的340位作者。

2月18日，本报就《北京电力高等专科学校学报》在没有主管单位和主办单位的情况下，依然在社会上进行公开非法出版的情况进行了报道。2月21日，新闻出版总署对此事作出了回应，相关部门也已介入查处。

但是，2月25日、3月2日，笔者再次以作者身份与《北京电力高等专科学校学报》编辑部取得联系，"现在当然可以安排发表论文了，不过已经排到第3期了"。这位qq网名为"电力学报-编"的姚姓编辑这样告诉笔者。该编辑还同时在签名中写有"现收2013年4期社科和2期自科稿件。诚征代理，欢迎合作"的字样。

一份非法的假刊，竟然也能在社会上浩荡地存在10年之久；一份连主管和主办单位都不存在的刊物，市场却会如此之大、生意异常"火爆"；有些人明明知道是假刊，却依旧向他们交钱上稿，究竟是谁给了它们这么大的"权力"，在假刊上花钱发表论文的到底是哪些人？《北京电力高等专科学校学报》也许会给我们一个真实的"告白"。

一份假刊的现实"真面目"

2月20日，笔者以作者身份要发论文需先看一下该学报再决定为由，收到了《北京电力高等专科学校学报》编辑部从武汉寄过来的两本样刊：第30卷2013年社会科学版第02期和第30卷2013年自然科学版第01期（下）。

在该学报的封面上注明该刊由"北京电力高等专科学校""主办"，国内统一刊号为"CN11—3518／N"，国际标准连续出版物编号为"ISSN 1009-0118"。

笔者认真翻阅了这两本刊物，在第30卷2013年社会科学版第02期封面上的显眼处发现标注有"中国核心期刊数据库""龙源国际期刊网""中文科技期刊数据库""收录期刊"的标记；在第30卷2013年自然科学版第01期（下）的封面上标注有"万方数据—数字化期刊群""收录期刊"的字样信息。

翻到封二，在其显眼的位置排列着"编辑委员会成员名单"和"顾问委员会名单"。且写道："《北京电力高等专科学校学报》坚持理论联系实际的严谨学风，为教学科研服务，促进学术交流。是反映教育教学、科研、工程技术、经济管理、思想政治以及文化艺术成果的重要园地。"同时也声称："《北京电力高等专科学校学报》是经新闻出版总署批准的国家正式期刊，标准16开本。"

封三页面左下角是《免责声明》，其全文写道："稿件凡请本刊使用，即视作作者同意授权本刊代理其作品电子版信息有线和无线互联网传播权；并且本刊有权授权第三方龙源期刊网进行电子版信息有线和无线互联网络传播；本刊支付的稿费已包括上述使用方式的稿费。"

在该《免责声明》的正上方，还标记有"国家电力公司""主管"，"北京电力高等专科学校""主办"，以及主编、编辑部主任、社科版编辑、自科版编辑、责任编辑和电话、地址等详细信息。

在该学报第30卷2013年社会科学版第02期中，"目录"共有8页。笔者数了一下，论文一共有259篇，涉及作者340人，分为"高等教育研究""思政与史哲研究""法学探讨""教育改革与实践""基础教育研究""经济管理与改革方向""社会观察""理论研究""体育与艺术""语言文学""域外文化学习与研究"等10多个栏目。

论文正文部分总计398页,其中大多数论文每篇仅占1页,1页半的论文也不在少数,这些论文即便算上标题、摘要、关键字和参考文献,篇幅也不会超过3500字。

笔者通过该学报的官网查阅到了几本以前的期刊发现,页码数量变化不大,基本上都维持在400页左右。一个月出版3期,每期刊登论文260篇左右,一个月下来就能承载发表780篇,一年就能刊登近万篇。另外,笔者也看到,各个栏目及其先后顺序在不同的刊次间也多有不同。

"除格式稍有变动外,在学报上见刊的论文就是我先前的原文版,没有任何的修改。"郑州大学一位正在读研一的硕士研究生赵冰洁这样告诉笔者。"哪有时间去给作者修改呀,全部都是作者的原文,直接拿过来排版。说实话,有时即使看出来错误了,也懒得去改,省得添麻烦。"在一家公司的期刊部工作的内部人员这样告诉笔者。"别天真了,干这个的,挣钱是唯一的目的,其他的能不管就不管,多一事儿不如少一事儿,万一改错了,自己还得承担责任,何必呀。"他接着强调说。

笔者仔细翻阅这些论文发现,确实有文字和标点性的错误,但不是太多。在介绍作者情况的格式上,也并不完全规范和统一。有的介绍了作者的出生年月、出生地以及研究方向,有的则部分或者完全没有涉及,除了作者姓名外,干脆什么信息都不介绍的也不在少数。笔者还发现,哪怕对于作者相同信息的元素,在介绍时顺序也不尽相同,五花八门的都有。如有的这样介绍:"作者简介:孙艳普,南开大学,企业管理硕士,天津机电职业技术学院,招生办公室主任,助理研究员,研究方向:企业管理中人力资源管理理论。"还有的这样介绍:"作者简介:李爽(1982—),女,硕士,郑州旅游职业学院,讲师,研究方向:计算机网络、硬件。""太正常不过了,没有什么好奇怪的。"这位知情人士说。

此外，笔者也注意到，在这份社科版的学报中，数学、电力等方面专业性很强的理工科类的论文也随处可见。

这些作者究竟是哪些人？都是干什么的？

笔者对于该学报第30卷2013年社会科学版第02期进行了详细的整理和分析后发现，一共刊载了259篇论文，涉及我国31个地区的340位作者，其中以河南和辽宁的居多。单单就郑州大学的在读研究生就发表了13篇，是该刊中涉及大学发表论文数量最多的高校。

笔者同时还注意到，在这期的259篇论文当中，仅来自于大中专院校的就有230篇，以88.8%的高比例占据了绝对优势。还有来自于企业、中学、小学，甚至幼儿园的，也有一些其他单位的。

从论文作者的身份结构来看，大学老师成了这本期刊生存的"功臣"，在他们当中有教授、副教授、讲师、助教，甚至还有高校的副校长、学生处处长等。从统计的情况来看，教授有1人，副教授有21人，讲师有60人，助教有25人，以及还有未完全注明的高校的教职员工。单单就大学老师这一群体发表的论文而言，几乎占据了总体见刊论文的一半，无疑这成为该学报"顽强存在"的最大群体和最稳定的"顾客"。

大中专院校的在校生在该刊发表论文的人数也不少，单单就在读的硕士研究生这一项而言，就有53篇。"身边的同学都在发，我也不甘心落后啊！"郑州大学2012级新闻与传播硕士专业的李亚说。"身不由己啊，没办法！"河北大学2011级新闻学专业的硕士研究生刘杰这样告诉笔者。从统计的情况来看，不仅仅包括一般的大中专院校，同时也包括像浙江大学、暨南大学、厦门大学、西南交通大学、华东师范大学、天津外国语大学、北京师范大学等这些"211"或者"985"类的重点大学。

同时，也有不少像国家电网、供电公司等这些电气电工类人员的专业论文。

"我当时论文的题目是《〈现代分析测试技术〉课程中有关'准晶'教学的几点启示》，这是一篇教学类的交流论文，只是自己在教学当中的一点体会而已,从严格的意义上来说,根本就不算学术论文。"南京航空航天大学材料科学与技术学院的副教授沈凯这样告诉笔者。他当时写好这篇论文后,先投给了几家权威的核心期刊,但是最后都被退回来了。并不甘心的沈凯,通过上网直接百度检索到了这家学报,就再次投过去了,"我当时还专门到新闻出版总署的网站上查询了,确实有登记啊,没有丝毫的怀疑。"这位副教授强调说。他很快就收到了这家学报论文的录用函:恭喜您,您写的论文很好,已经通过本刊编辑部的审核,批准录用。沈凯副教授告诉笔者:"我当时很高兴,论文录用了本来就是一件好事儿。"同时他也坦言,在收到这份录用函的同时,这份学报也提出了收取版面费的要求,要求作者在指定的时间期限内把版面费汇入到指定的银行账号中。"我确实汇过去800元。"沈凯强调说。

"发表论文需付一定的版面费这是再正常不过的事情了,说实话,800元并不是太高,有些重点的核心期刊一篇论文收取几千块钱版面费是常有的事儿。"沈凯接着补充说。"我发的论文并不少,但是像这种在教学中的交流类的论文,是我仅有的一篇,但真的没想到会摊上这种事儿,看来以后须多加小心了。"沈凯有些无奈地告诉笔者。

如此多的作者究竟为什么要发论文?有何用?

"作为高校的老师,发表论文那肯定是必需的,因为这是评职称中必不可少的一项重要指标",研究方向为金属材料和电子显微术、目前正任职于南京航空航天大学的沈凯副教授这样告诉笔者,"根据我们学校及相关的规定,我从'讲师'级别要评到'副教授'这级,其中要求在SCI收录的期刊上至少要发表5篇学术论文。"他接着解释说。

河南省卫辉市孙杏村镇汲城完全小学的一级体育教师杨宏波也告诉笔者:"说实话,我是教体育的,对学术并没有什么兴趣,但是也没什么办法。因为自己想评职称,那么必备的条件就是要有发表的论文,这是硬性指标。""我在农村任教,一个月才1000多块钱,拖家带口的,我们也不容易啊!"他向笔者强调说。他同时也坦言,自己通过熟人找到了一位大学的老师,这位老师承诺这份期刊肯定没有问题，论文绝对能发表。杨宏波当即就把自己写好的论文和750元的版面费交给了这位老师。"我专门还在网上核实、确认过这份刊物，在新闻出版总署的网站上也查到了。"他向笔者强调说，当时在网上也看到过这份学报里还有几篇文章参加了全国科研和教育论文的比赛，并且还获奖了，他们把获奖证书也寄发给了作者。"这还能有假？到这种程度，料谁都不会去怀疑啊？！"杨宏波强调说。他把论文交给这位老师，到收到样刊，中间大约有半年的时间。

谈到发论文、评职称的话题，现为山东省烟台市三中分校的中学教师杨丽华深有同感。"要想进一步评职称，发表论文是肯定的。如果连发表的论文都没有，评职称那是天方夜谭的事。"她这样告诉笔者。她通过自己的同事，花了不到1000元，在这份学报上先后发表了2篇论文，供评职称用。"中间因为发票的问题跟他们联系过多次，拖了一年多的时间，最后也没能拿到发票。"杨丽华补充说。并不仅仅是她自己，身边她的很多同事也在这份学报上发了，有的甚至发得更多。最近烟台三中分校给老师们列出了一些正规期刊的清单，供老师们发表论文时参考，也建议老师们多向这些正规的期刊投稿。"学校其实很鼓励老师们多发表论文，有条件的学校还设立了专项经费，专门给老师报销这部分费用，但老师必须向期刊社索要发票才行。"河北省邯郸市一位重点中学的老师这样告诉笔者。

"发表论文就是为了能够获得更多额外的加分，增加获得奖学金的可能性。"郑州大学被保送的研究生李亚这样告诉笔者。"发表论文的多少，直接关系到能否获得奖学金以及获得的档次，论文太关键了，基本上起着决定性的作用。"她同时强调说，"我刚读研一，对于期刊和论文而言，我真的一无所知。"她表示，关于了解的一切，基本上都是听师哥师姐说的，"见大家发，我也跟着发，不想落在别人后面。"

从《郑州大学新闻与传播学院2011级研究生奖学金评定细则》中笔者看到，一个学生最终的综合测评成绩是由"学习成绩""科技创新""导师评定""品德表现""社会活动""同学评定"和"特殊贡献"这七项指标共同来决定的，其中"学习成绩"是每位学生学年各科加权成绩的35%，也就是占整体的比例是35%；"导师评定""品德表现""社会活动""同学评定"和"特殊贡献"这几项，同学们的情况基本上都差不多，上下差距一般不会太大。"关键就是'科技创新'这项指标。"该学院一位获得过奖学金的学生这样告诉笔者。

该细则中也同时载明了，"科技创新"满分是15分，所占整体比例是15%，加满为止。"获研究生科技成果奖或优秀论文奖按获奖级别加分（国家级一等奖5分，二等奖4分，三等奖3分；省级一等奖4分，二等奖3分，三等奖2分；市级一等奖3分，二等奖2分，三等奖1分）；在公开刊物上发表学术论文的，按期刊类别加分：权威专业核心期刊加15分，中文核心期刊加8分，中文CN期刊加1分且限制于2篇，本科学校学报加4分，专科学校学报加2分，在学报上发表的无篇数限制。（合著作者除我院导师外，须为第一作者，作者单位应为：郑州大学新闻与传播学院）作为课题组成员参加科研项目研究、著作撰写，获厅局级奖励加2分，省级奖励加3分，国家级奖励加5分。（不以排名区分）参加院研究生学术创新论坛，获一等奖加3分，二等奖加2分，三等奖加1分，优秀奖加0.8分，其他单项奖加1分，参加者每提交一篇论文加0.3分，不超过三篇。"

笔者特别注意到，"发表在本科学校学报上的可以加4分，发表在专科学校学报上的可以加2分，并且无篇数限制。"

"我们学校的学生在这份专科的学报上发表论文的太多了，且还有不少自己相识的同学就是这份学报的代理。"该校一知情的学生向笔者透露。李亚就是通过学姐的介绍，付了600元的版面费在该学报上发表论文的。"这是我发表的第一篇论文，也是目前为止唯一的一篇。'人生第一篇论文'，真没想到竟是如此的厄运和下场，难受啊……"她无奈地告诉笔者。

和李亚同在郑州大学读研的赵冰洁，也是通过学姐的介绍，花了1000多元，在该学报先后发了2篇，"见到自己的论文铅印在学报上，本来挺高兴的，没想到现在却是这样，真是有点哭笑不得"，"算了，我认了，这事就这么过去吧，真不想再提起，特伤心，哎……"赵冰洁这样告诉笔者。

四川外国语大学2011级的在读研究生张娇娇让她的辅导员胡刚老师转告笔者：“真没想到会是这样，这不是什么光彩的事情，就让它过去吧，我不想再提了”，直接婉拒了笔者的采访。

笔者在《河北大学关于2012年度国家奖学金推选工作的通知》和《河北大学新闻传播学院研究生奖学金评定细则》中也看到，"科研成果"这一项占据了整个比例的70%，"如果你没有发表过论文，奖学金就别想了。"河北大学一位在读的研究生班长告诉笔者。

笔者通过网络查阅了全国多所高校《关于研究生奖学金评定的实施细则》也发现，"科研成果"和"论文情况"成为占取比例最高的参考指标。"本科生谁要是能发表一篇专业论文，那绝对'吃香'，凭着这个，接下来就会收获很多意想不到的奖金和荣誉。"河北大学一位从事多年的辅导员告诉笔者。

"根据学校的规定，毕业之前必须在公开的期刊上发表一篇论文，否则不予毕业。"正在郑州大学读新闻学专业的赵冰洁坦言，这是我们专业同学发论文的首要目的。

据了解，现在全国各个高校对于硕士研究生毕业之前是否要求必须发表论文的规定都不尽相同，有些高校要求，有些则不要求。不同专业之间的情况也不太一样。

当然，也有一些学生表示对学术很感兴趣，发论文是常有的事儿，但这只是个别学生、个别现象。大部分在读的研究生表示，对学术的研究没有太大的兴趣，就连学术类的新闻学、传播学专业的学生也同样如此。"直白地说，发论文更多就是为了获得毕业的资格、获得奖学金而已。"一位在读的硕士研究生班长告诉笔者。

"我教小孩儿已经七八年了，如果连一篇自己的论文都没有，感觉特没有水平，挺丢人的。和孩子的家长说起来，也很没面子。"大连明珠幼儿园的老师韩晓庆这样告诉笔者。"这篇论文我写了两个多月，是对自己教学近10年来的一些总结。"同时她也告诉笔者，当时拿到这个样刊后，感觉特别的垃圾，就直接扔到了床底下，再也没有看过，难受了好长一段时间。她也是自己的一个好朋友帮助介绍的，不到3个月就见刊了。

国家电网冀北电力公司承德供电公司的一工作人员也告诉笔者："我们评职称也是需要发论文的，这是一项必备的指标。"在这份期刊上，笔者也看到有不少这些单位的作者。

稿件修改之后如下：

谁在花钱发论文[①]

当大学教授和幼儿园老师、文学论文和数学论文让人错愕地出现在同一本学术期刊上时，这本刊物很有可能只有一种身份——假刊。

北京电力高等专科学校早在2000年就已合并至北京交通大学，但《北京电力高等专科学校学报》却一直在办。国家新闻出版总署已查明，该学报不具备法定出版条件，因此依法予以注销（详见本报2月18日报道）。

谁在为这份假刊投稿？详细查阅该学报第30卷2013年社会科学版第2期，会发现论文正文部分总计398页上竟然刊载了259篇论文，平均每篇论文长一页半，作者多达340名，来源地覆盖了我国除港澳台外的31个省（区、市）。

投稿者有来自事业单位的，也有来自企业的，但更多的来自教育机构，幼儿园、小学、中学、职业院校、大学乃至像华东师范大学这样的"985"高校"百花齐放"。相应的，作者从幼儿园教师到大学教授，一应俱全。

其中，来自大中专院校作者的论文有230篇，以88.80%的比例占绝对优势。这些作者包括教授1人，副教授21人，讲师60人，助教25人，其中还有部分未注明身份。他们成了这本假刊"野蛮生长"的最稳定的"顾客"。

南京航空航天大学材料科学与技术学院副教授沈凯在上面发了一篇《〈现代分析测试技术〉课程中有关"准晶"教学的几点启示》，他告诉记者，这是一篇教学类的交流文章，"只是自己在教学中的一点体会而已，从严格意义上来说，根本就不算学术论文"。

他说，写好这篇论文后，先后投给了几家核心期刊，但都被退了回来。他不甘心，上网检索到了这家学报，再次投了过去，结果很快收到了论文录用函。

"我很高兴，论文终于被录用了。"沈凯坦言，在收到录用函时，对方提出要收版面费，要求他把钱汇入指定账号。"我确实汇过去800元。"

[①]《中国青年报》2013年3月8日第6版。

沈凯表示，作为高校老师，为评职称发论文是必需的，他评副教授时，学校要求在SCI收录的期刊上至少发表5篇论文，但这篇不是为了评职称。

多位高校教师表示，学校每年一度的考核，论文是最重要的考核项目。中国传媒大学一位教师说："没有论文，课教得再好考核也通不过。为了发论文，很多教师到处托人找关系。"

也有不少研究生在这本假刊上发论文。在第2期上，仅郑州大学的在读硕士生就发了13篇。

"发论文是为了获得额外加分，增加获得奖学金的可能性。"郑州大学硕士生李丹说，发表论文的多少，直接关系到能否获得奖学金以及获得的档次，"论文太关键了，几乎起着决定性作用"。

郑大新闻与传播学院研究生奖学金评定细则显示，一个学生最终的综合测评成绩由"学习成绩""科技创新""导师评定"等7项指标共同决定，其中"学习成绩"占35%。

该学院一名获得过奖学金的学生说，"导师评定"等项目，同学们的情况都差不多，有差距也不会太大。"关键是'科技创新'这项指标。对文科生来说，主要就是发论文。"

"科技创新"满分为15分，在专科学校学报上发一篇加两分，无篇数限制，分数可叠加。对于奖学金评定来说，这是一条获加分的"终南捷径"。

多所高校关于研究生奖学金评定的规定显示，"科研成果"和"论文情况"往往是重要的参考指标。仍有一些学校规定，研究生要毕业，至少得发一篇论文。

这导致论文代理开始在高校盛行。"我们学校的学生在这份学报上发表论文的太多了，我认识的同学中就有人是这份学报的代理。"郑州大学一名研究生说。

李丹说，她就是通过学姐介绍，花了600元的版面费在该学报上发表的。和李丹同在郑州大学读研的赵宇，也是通过学姐介绍，花了1000多元在该学报上发了两篇论文。

《北京电力高等专科学校学报》上，还有10多位中小学教师发了论文。河南省卫辉市孙杏村镇汲城完全小学体育教师杨宏波也发了一篇，他告诉记者："说实话，我是教体育的，对学术并没有什么兴趣，但是也没什么办法。因为想评职称，必备的条件就是要有论文，这是硬指标。"

他坦言，自己通过熟人找到了一位大学老师，这位老师承诺期刊肯定没有问题，论文一定能发表。他当即就把论文和750元版面费交给了这位老师。

山东省烟台市三中分校的中学教师杨丽华也说："不发表论文想评职称是天方夜谭。"她为了评职称，花了不到1000元，在这份学报上发表了两篇论文。她介绍，很多同事也在这份学报上发了论文，有的甚至还发了好几篇。

辽宁省大连市明珠幼儿园的教师韩晓庆也在上面发了一篇，她否认是为了评职称。她说："我教了七八年了，如果连一篇自己的论文都没有，感觉特没水平，挺丢人的。和孩子的家长说起来，也特没面子，所以就找人帮我联系发了一篇。"

韩晓庆说，她这篇论文断断续续写了两个多月，是对自己教学经验的总结。结果，托朋友的关系发表后，收到刊物，"感觉刊物特别垃圾，就直接扔到床底下，再也没有看过"。

（文中李丹和赵宇为化名）

第四章　调查性报道的编辑

编辑是报道的把关人。从广义上说，编辑应有丰富的采访经验，能够从寻找选题、把控采访的方向和进度方面，随时给予记者指导。从狭义上说，编辑应对稿件的质量负责，将差错尽可能消灭在刊发前。对于某些稿件，编辑要按照版面需要，从可读性出发，进行必要的拆分，甚至是重写。

互联网技术的发展，对传统的编辑手段提出了新挑战。越来越多的读者放弃从报纸上读新闻，转而从移动终端获取信息。这就要求一篇报道，标题要"抓人"，篇幅不能太长，更重要的是，要让新闻更加"可视"。

第一节　编辑的职责

一般来说，报纸编辑的工作有三项：策划、编稿和编版。策划，即对重大选题制订近期和远期规划，哪些选题需要关注以及从哪个角度关注，确定具体负责人跟踪进展，确定交稿时间。收到稿件后，要对稿件进行审读，看存在哪些问题，确定如何修改。之后，要选择适合的时机发表，如避开热点缓发，还是避免风险抢发，都需要编辑权衡。确定上版后，编辑还要设计版面，安排几篇文章的位置，选择配发的照片或制作图表，以争取得到最好的传播效果。

即使是一篇最普通的报道，编辑也要认真核对，以减少差错。调查性报道对编辑的要求更高，因为这类报道通常涉及对权力的监督、对侵害他人合法权益者的揭露，稍有差错，都有可能引发诉讼。

编辑工作可分为三个层次：

第一个层次是消灭差错：包括稿件中的事实、观点、语法、修辞、逻辑等各个方面，其目的是要消灭这些差错，使稿件的事实准确，观点正确，文字通顺，客观、公正、真实、生动地反映事实。

事实：古人说，太阿止需一面锋利，自古伤人惟寸铁。这句话本意是勉励人们学习要专注，一旦磨砺成宝剑，便可剑指天下。借用其意，"寸铁伤人"——指哪怕非常微小的差错，都可能让读者对稿件的真实性产生怀疑。所以，稿件的事实部分一定要做到真实、准确、全面、统一。

真实，就是不能虚构事实、回避隐瞒重大冲突，不能任意添加、拼凑。

准确，即报道涉及的人名、时间、地点、数字、引语等，要做到完全准确无误。例如，2013年3月20日，在羁押6年后，被指控纵火烧死妻子的中国电子报原副总编常林锋被判无罪，当庭释放。很多媒体都报道了这一新闻，但检索发现，不同的媒体，主人公的名字竟然不同，既有"常林锋"，也有"常林峰"，甚至同一报道的不同段落，也会出现不同的 feng。

统一，即关于事实的表述应该统一。一是某些表述的方式要和全国规定的或通用的方式相一致，比如，"保定市中级人民法院"一般应简称为"保定中院"，而不能简称为"保定法院"；二是一篇稿件或一组稿件中的译名、计量单位、数字的写法等要前后一致。

观点：发表观点要言之有据，尤其是在表述某些具体的观点或提法上应准确、恰当，不媚俗，不过激，不进行媒体审判。

语法：要注意没有主语等常见错误。

修辞：尽可能不使用比喻等修辞方法。比如，"他一听到这个消息，像凶神恶煞一样咆哮"。这样的表述不应出现在调查性报道中。

逻辑：调查性报道的逻辑要严密，不能出现疏漏。

新闻报道中的差错，既包括事实错误、逻辑漏洞，也包括不恰当的评论。

以一则消息为例：

（主题）叶海燕律师申请暂缓执行拘留
称有视频证明闯入者非法入侵将对警方处罚提出行政诉讼

本报讯 6月1日，叶海燕代理律师王宇向广西省桂林市博白县公安局提交了申请暂缓执行行政拘留的申请。王宇称，叶海燕在事发时录制的几段视频能证明，11名闯入者涉嫌非法入侵、寻衅滋事，律师将向博白县警方申请立案侦查；并将对博白县公安机关给叶海燕作出的行政拘留处罚提出行政诉讼。

这段文字出现了两个事实性错误。一是广西不能称为省，应是"广西壮族自治区"；二是博白县，古称白州，位于广西壮族自治区东南部，属于玉林市，而不是桂林市。

事实上，这两处都属于常识性错误，有疑问时动手查证一下，都能避免。还有的报道使用文学语言，而非新闻语言：

> 一份非法的假刊，竟然也能在社会上浩荡地存在10年之久；一份连主管和主办单位都不存在的刊物，市场却会如此之大、生意异常"火爆"；有些人明明知道是假刊，却依旧向他们交钱上稿，究竟是谁给了它们这么大的"权力"，在假刊上花钱发表论文的到底是哪些人？《北京电力高等专科学校学报》也许会给我们一个真实的"告白"。

显然，"浩荡地"存在了10年之久用词不当，应予删除。

但有的问题隐藏得比较深，需要编辑具备一定的水平和责任心才能发现。

比如，某报刊登《村干部竟售劣质种子》一文。该文由工商局工作人员撰写，并加盖单位公章，主要内容是：

> 日前，淇滨区工商分局接到曹庄村数十位村民投诉，反映村干部销售劣质玉米种子问题，他们迅速行动，将村干部家中未出售的500余公斤玉米种子予以查封。经查，这批种子系村干部李某、刘某通过汤阴县一农民介绍，从辉县一农民手中以每公斤6.8元的价格购进的，共计1700公斤，称该品种为"安玉5号"。经检验，这批种子纯度为66.7%，低于国家标准，属劣质种子。他们已责令李某、刘某退还82户农民购种款9225.85元。同时，他们对1700公斤劣质玉米种子予以查封，对李某、刘某涉嫌经销劣质玉米种子的行为立案调查。

报道刊发后，文中的"村干部"起诉报社和工商分局，称报社没有履行其法定义务，违背新闻报道真实性的要求，在没有认真核实的情况下就登报向社会发行，请求法院判令被告公开赔礼道歉、消除影响，向每名原告支付精神抚慰金15000元。

法院最终判令工商分局向原告公开赔礼道歉。

那么，这篇报道存在什么问题呢？或者说，如果记者采写这篇报道、编辑修改这篇报道，应该注意哪些问题呢？

> **判决书认定：**被告工商分局两名工作人员仅凭二原告与82户购买玉米种子的农民签订的退赔种子款协议书和一份尚存疑义的玉米种子检验报告，在对该案件尚未定性处理、没有做出行政处理决定的情况下，即向报社投稿报道相关内容，在报道中直接认定二原告销售劣质玉米种子等，缺乏客观准确性，该报道材料登报向社会发行，势必在一定程度上对二原告造成社会评价降低的负面影响，此行为侵犯了二原告的名誉权。

也就是说，报道的事实出现了根本性错误，作者现有的证据不能得出报道中"出售假种子"的结论。

你也许会问，报道中不是说"经检验，……是劣质种子"吗？难道这也不能支持报道结论吗？

我们再来看判决书的内容：

> 原告认为，被告报社提供的证据一中的退赔种子款协议是无效协议，不是当事人的真实意思表示，是工商分局执法的产物；玉米种子检验报告上鉴定的是种子纯度，而退赔种子款协议上写的是发芽率，二者是两个概念；检验报告是无效报告，因为检验报告写明"对检验报告若有异议，应于收到报告之日起15日内向检验单位提出"，而工商分局没有在法定的时间内向原告宣布和告知鉴定结果，剥夺了原告提出异议的权利，该报告程序不合法，不能作为认定劣种的依据。

也就是说，所谓的"经检验"，是存在程序问题的，证明力被大大削弱了。

如果是记者采写这篇报道，首先要做的是找涉嫌销售假种子的村干部核实情况，听听他们的说法。听取利益冲突相关方的声音，对获得的矛盾证据逐一排查，在报道中客观呈现，是避免出现低级错误的必经之路。

作为编辑，看到这样的稿件，当然不能因为盖有某单位的公章，就天然地认为报道没有问题，而是应当检视相关证据，比如种子的检测报告、退赔种子款协议书等，看这些证据能否构成"销售假种子"这一结论。

编辑工作的第二个层次是：压缩或补充。

记者写稿时，会根据自己的思路、习惯等进行写作，有时候，记者会认为某一部分内容不需要详细介绍，或某一过程需要详细描述，这样的判断基于记者本人已经对稿件内容有了详尽的了解，但初次接触这一事件的读者可能并不这样认为。

因此，编辑要从读者角度出发，或者根据版面要求，重新审视某些内容的详略是否得当，有的地方要适当加入背景介绍，有的地方则可以一笔带过。

编辑还要对稿件做"大手术"——改写，这可算作编辑工作的第三个层次：有的是改写导语，有的是改变角度，有的甚至是推翻重写。当然，根据版面需要，编辑也有可能要把相同题材的稿件整合成一篇，或者将一篇稿件拆分成若干篇。这种情况需要注意的是，人物身份要注明，避免无谓的重复和因遗漏读不明白。

如果说编辑在修改稿件中起重要作用，那么记者自身应该起根本作用。

著名报人艾丰认为，在记者的工作中，最能够使记者得到提高的有两个环节，一是选题环节，因为这个阶段需要记者独立工作和独立判断，要在复杂纷纭的事件中抓出最有新闻价值的事实来；第二个环节是修改，记者自己修改，往往能改出意想不到的好效果来。

实际上，记者对自己的稿子最了解，改起来自然比编辑得心应手，能抓住要害，而编辑修改有时并不见得都能理解记者的原意。更重要的是，有时编辑改错了，并不是不认真，也不是故意的，而是无心之失，但报道一经见报，错误即无法挽回。

战国末期，吕不韦组织门客撰写《吕氏春秋》。书成后，吕不韦命人把全文抄出，贴在咸阳城门上，并发出布告："谁能把书中的文字增加一个或减少一个，甚至改动一个，赏黄金千两。"

这就是"一字千金"的来历。当然，有人说没人给《吕氏春秋》提意见，是因为人们惧怕吕不韦的权势，但请人改稿，无疑是一个好办法。

2013年5月6日，《中国青年报》发表了笔者的一篇报道《"走"了20个月的无罪判决书》《十年错案这样形成》和《被错案改变的人生》，这组报道，讲述了一个发生在河北省安新县白洋淀的案件的审理过程：2001年9月，时年32岁的赵艳锦被牵扯进一桩杀人案。12年里，她两次被判处无期徒刑，两次被宣告无罪释放。彻底恢复自由前，她累计在看守所度过了10个年头。更荒诞的是，在河北省高级人民法院作出无罪判决后，她又被关押了20个月才获得自由。她累计被羁押了3307天。

仔细分析赵艳锦案的形成，既有案件本身复杂的因素，更与办案单位违反法律规定超期羁押密不可分。稿件写作中，笔者引述了大量法律规定，包括公安机关办理刑事案件的相关规定、检察院起诉的相关规定，以及法院审理的审限规定等。

事实部分应该很清楚了，但读者对这篇报道有兴趣吗？笔者不敢肯定，于是请两位实习生阅读，并提出修改意见。

第二天，两位实习生提交了修改建议——在WORD文档上直接修改。笔者注意到，报道的前半部分，改动很多，越往后改动越少。是后面写得好吗？显然不是，相反，这说明报道的后半部分问题很多——之所以改动少，是因为她们根本读不下去！

果然，实习生的反馈是：引述的法律条文太多，读起来很吃力，而且没兴趣。

一篇报道不能吸引读者，不是读者的错，必然是记者的问题。于是，笔者决定推翻原稿，根据两位读者的意见，整理思路重写。

记者应该怎样对待自己的稿件呢？"为了保证自己写的或编的稿努力消灭错误，提高质量"，新华社老记者李峰给自己制定了《定稿自问五则》，值得每一个采编人员学习：

（1）发这篇新闻有什么新闻价值，有什么用处，哪些报纸读者会感兴趣，哪些事实和观点会引起读者的共鸣？

（2）事实的真实性和准确性如何？比如，人名、地名、地点、时间、单位、数字、术语、过程等。

（3）事实和观点都说清楚没有，逻辑、文理是否通顺，有没有别人难认、难懂的字、词、话，广播员念起来是否顺口，有没有需要向编者、读者特别说明的重点、背景、引语出处等。

（4）读者对所写事实和观点，是否有怀疑、误解、异议，提出反对意见，这样写有没有副作用？

（5）自认为有哪些得意之笔，有哪些是败笔，为什么不改好了再发？

没有什么比让读者放弃更容易的了。好的报道不一定传播范围广，但传播范围广的报道一定有其优点，要么选题重大，关注度高，要么文笔动人，故事讲得好。并不是每一篇稿子都会引起公众的广泛关注，好的题材更不能因思维混乱、文笔差糟蹋了，所以，无论是记者还是编辑，都应认真对待每一篇报道，力争让每一个文字都能引起读者阅读的快感，从标题到最后一个字，一口气读完，一边回味一边遗憾地说："这就完了？"

编辑工作需要丰富的采访经验，心细如发，眼明手勤，不仅能发现问题，更要负责任和有耐心，多问作者，多查工具书。

同时，编辑更要耐得住寂寞。钱钟书曾当《图书季刊》《书林季刊》的编辑，深知编辑之难："索稿校稿，大似美妇人不自己生男育女，而充当接生婆。"

接生婆的快乐是看到婴儿顺利降生，编辑的幸福是奉献给读者一篇选题重大、逻辑严谨、文笔流畅、思路清晰的新闻作品，如同拂去珍珠上的尘土，拨亮油灯的灯芯，让每一篇报道在自己手里焕发光彩。

第二节　稿件常见问题

打造一篇优秀的报道，不仅需要记者的努力，也需要编辑付出心血、贡献智慧。如果说记者的原始稿件不一定都是珍珠，那么编辑的作用就是发现珍珠、串起珍珠。想让质地平庸的稿件焕发光彩，先要知道常见问题都有哪些。

一是进入主题慢。

调查性报道讲述的多是一些复杂事件，人物众多、故事曲折，如何讲好故事关系着稿件的传播效果。对一些记者来说，写稿时关注更多的是事实层面的问题，如讲清事件的来龙去脉，做到时间、地点、人名、数据等准确无误，但文本方面考虑得会少一些。对读者来说，他们需要的是，标题让人眼前一亮，三段之内就要知道这篇报道要说什么，如果有吸引力，读者才会有兴趣、有耐心读下去。

一些报道故事讲得不好，主要是铺垫过长，不能直接进入主题，告诉受众"我说的是什么"。

如何让报道满足读者的阅读心理，直击读者的兴奋点，是编辑应该重点考虑的问题。

2014年8月5日，洛阳市副市长郭宜品与当地房地产商俞国强及俞的司机张振强同时失联。因涉嫌受贿500万元，郭宜品被列为网上追逃人员。9月18日左右，俞国强投案自首。10月6日下午，在长沙市一出租房内，洛阳公安将郭宜品抓获。

郭宜品失联的消息最早出现在新浪微博上。9月15日，新浪微博上有人爆料说，在河南省伊川县鸦岭乡，从9月13日开始，警方在多个村子拿着郭宜品等三人的照片挨家挨户要求辨认。

这一消息迅速引起关注，第二天就有媒体进行了求证式报道。随后，越来越多的媒体介入，报道也逐渐走向深入。

2014年9月26日，有媒体刊发了如下报道：

9月13日，洛阳城南20公里外的伊川县鸦岭乡连续多日的雨仍未停歇。晚饭时分，村民李季北听到了急切的敲门声。

"惊慌，惊慌得很。"端着饭碗的李季北没多想就开了门，3名陌生男子站在门口。事后，他向记者回忆，当时的情景让人不寒而栗。

幸亏，有名村干部领着。李季北的家是憧临街的二层小楼，二楼吃住，一楼卖些农资。来者之中的一人掏出手机让李季北辨认里面的照片，村干部则领着另外两人直接上了楼。

李季北不知道发生了什么事，只记得"手机照片的3个人，都不认识"。

直到两天后，李季北才在新闻上重新看到了这3个人的照片。报道说，洛阳市副市长郭宜品已失联月余，与他一同失联的还有地产商俞国强和张振强。

"哦，原来那人是个副市长啊！"李季北恍然大悟。

此前一天，另一家媒体也刊发了报道：

2014年9月23日，洛阳市党政大楼2001室大门紧锁。一份9月22日签发、标注着"内部材料供领导参考"的《政府工作快报》，从门缝塞了进去。

2001室的主人，正是失踪的副市长郭宜品。在河南省洛阳市党政大楼内，副市长们大多集中在20楼办公。郭宜品是排名最后的副市长，办公室却是20楼的1号房，斜对面是男女厕所。

"郭宜品不见了!"自8月上旬起,这一惊人的消息开始在大楼内流传,很快成为尽人皆知的"秘密"——刚担任洛阳副市长不到6个月的郭宜品于8月初和组织失去联系。

获知郭宜品失联后,洛阳市成立专门班子寻找失联副市长。至今50多天了,仍没有任何结果。目前来自河南公安部门的消息显示,郭宜品因涉嫌受贿500万元已被列为网上追逃对象。

第一篇报道从警方排查失联副市长写起,采访了目击村民,还原了当时的场景,应该说是一个很不错的开头,也是调查性报道中常见的写作手法。但缺陷也是明显的,因为经过十天的发酵,副市长失联的消息几乎尽人皆知,早已不是新闻,公众关心的不是"副市长是不是失联",而是转移到"失联之后怎么样,为什么失联"等问题。

相对来说,第二篇报道直接回答了读者关注的热点:副市长失联50多天后,工作人员还在往他紧闭的办公室大门塞文件。与排查情景相比,向办公室门缝塞文件更加贴近核心事实,更有现场感。

在新的传播环境下,调查性报道的选题越来越难以做到独家,同一新闻事件,不同媒体会或多或少地有所涉及。同时,调查性报道采写周期较长,采访时的新闻,报道刊发时很可能成为旧闻。这一方面要求记者有竞争意识,争取用最短时间成稿,抢夺第一落点;另一方面要求编辑全程跟踪事件的发展变化,指挥记者扑同行没有采访的"空白点",编辑稿件时,压缩旧闻、及时补充新获得的信息。

二是未能提炼出清晰的主题。一个新闻事件,不管涉及多少人,头绪多么杂乱,都应有一个主题贯穿其中,记者的任务是把这个主题找出来,围绕主题搭建框架,确定叙事顺序。主题越清晰,记者写起来越顺手,读者读起来也会越顺畅。

2012年5月,微博名人"花总丢了金箍棒"陆续发表微博,质疑和调侃一家名叫"世界奢侈品协会"的组织拉大旗作虎皮。《南方周末》《新京报》等媒体发表报道，该组织及其驻中国代表处负责人毛欧阳坤遭质疑。

之后，两家报社及相关公司和个人被世奢会（北京）国际商业管理有限公司和毛欧阳坤告上法庭。而最先揭露世奢会和毛欧阳坤"真面目"的花总，一度被北京市朝阳公安分局以涉嫌敲诈刑事拘传。南方周末记者陈中小路，也曾因侵害商业信誉受到北京市公安局朝阳分局半年多的刑事调查。

2014年2月26日，《南方周末》《新京报》两家媒体一审均败诉。判决认为，原告指控《南方周末》有21处失实，《新京报》有10处失实，虽大部分经过撰文记者本人核实，但仍有内容无法提供详细的消息来源。《南方周末》《新京报》的文章内容均是围绕对世奢会及其相关活动的质疑展开，虽然文章也引用采访毛欧阳坤的内容，一定程度上想保持公正的客观态度，但整篇文章足以导致作为企业的原告名誉降低，信用受损。

该案引发媒体关注，一方面是案情离奇，令人匪夷所思；另一方面是判决涉及媒体是否应当交出信息源这一重大问题。

面对一个时间跨度较长、离奇怪诞的新闻事件，记者能否提炼出一个鲜明的主题显得很重要。

我们先看一篇报道的开头部分：

虽然饱受质疑，在中国的实体运作公司——世奢会（北京）国际商业管理有限公司——也已因伪造注册地址和提供虚假商标授权而被吊销了营业执照，但世界奢侈品协会（以下简称"世奢会"）及其中国首席代表毛欧阳坤仍在坚持和媒体打官司。

这家成立于美国、被国内媒体质疑为"山寨"的"国际组织"，正针对相关的政府机关、媒体和记者提起一系列的行政、民事诉讼。

一个自称"王自强"的男性证人称，自己就是接受新京报及南方周末记者采访的匿名信息源，其提供的对世奢会不利的信息，均由南方周末记者授意完成。

但南方周末及新京报记者均表示，相关信息的提供者是一名田姓女士。在已经有判决的四起名誉权诉讼中，出于保护证人的考虑，两家报社未提供采访录音及爆料人的身份，这使得世奢会部分赢得了已经一审宣判的四起名誉权案件。

除去民事诉讼，王自强的证言还一度让南方周末记者陈中小路及最早质疑世奢会的网友"花总丢了金箍棒"（以下简称"花总"）牵扯进关于世奢会损害商业信誉罪的刑事调查。

再看另一篇报道是怎样写的：

在一场事关"骗子"还是名誉的诉讼中，原告毛欧阳坤没有出示他最有力的"证据"，可能与被告指控他教唆做伪证有关。

5月7日上午，毛欧阳坤以个人名义状告新京报名誉权案，在北京朝阳区法院南磨房法庭开庭。原告认为《新京报》发表的《世奢会被指皮包公司》和《起底世奢会》两篇文章侵犯了他的名誉权。这是世界奢侈品协会（下称世奢会）及其主事者毛欧阳坤起诉新京报的第4个案子。庭审持续了不到50分钟，毛欧阳坤提交的证据中没有证人王自强的证言。

此前的4月25日，新京报向北京市公安局朝阳分局报案，称其在一桩名誉权诉讼中，原告诉讼代理人毛欧阳坤唆使一名叫王自强的人出庭做伪证，谎称曾接受该报记者采访，并诬陷该报及记者企图贿赂他陷害原告。去年6月，另一家媒体南方周末也致函北京朝阳公安分局，控告王自强冒充采访对象，做伪证构陷南方周末及其记者陈中小路。

证人王自强的证言，是世奢会和毛欧阳坤在和新京报、南方周末等媒体的诉讼战中最有力的"武器"之一。

纠纷源于2012年5月，微博名人"花总丢了金箍棒"（下称花总）

陆续发表微博，质疑和调侃一家名叫"世界奢侈品协会"的组织拉大旗作虎皮，引发网友人肉搜索，该组织一些招摇撞骗、欺世盗名之举浮出水面。《南方周末》《新京报》等媒体发表报道，该组织和其驻中国代表处负责人毛欧阳坤遭质疑。

之后，两家报社及相关公司和个人被世奢会（北京）国际商业管理有限公司（下亦称世奢会）和毛欧阳坤告上法庭。而最先揭露世奢会和毛欧阳坤"真面目"的花总，一度被北京朝阳公安分局以涉嫌敲诈刑事拘传。南方周末的记者陈中小路，也曾因侵害商誉受到朝阳公安分局半年多的刑事调查。

2014年2月26日，南方周末、新京报两家媒体一审均败诉。朝阳法院的判决认为，南方周末、新京报对世奢会构成名誉侵权。判决中，王自强的证人身份及其证言，被法院引用并认定。目前，两案已上诉至北京市第三中级人民法院。

使用匿名消息源且未向法庭提供信源，是朝阳法院判决媒体败诉的重要原因之一。此案也让"为秘密消息源保密"问题浮出了水面。而更令业界担忧的是这些案件中诸多蹊跷之处。接受南方周末和新京报采访的世奢会内部人士是一名女性，而自称接受了记者采访并出庭做证的王自强是名男子。被告方对伪证的举报，无论警方还是法院，均未予重视。但在此前，针对揭露世奢会的网友和记者，警方却启动了刑事调查。

对比两篇报道可以发现，在提炼主题方面，第二篇报道比第一篇报道更简明、清晰。第一篇报道虽然试图点明主题，但世奢会及其首席代理"坚持和媒体打官司"的表述过于笼统，读者得到的印象是模糊不清的。

一篇好的报道，是记者和编辑共同努力的结果，在提炼主题方面，编辑应多和记者沟通、磨合，帮助记者梳理采访素材，理清思路，这就要求编辑对新闻事件有更高、更深的认识，能够抽离具体事件，从宏观的视角总结提炼。更重要的是，作为第一读者，编辑要从读者视角出发，反馈阅读体会，提出修改意见，提高报道的品质。

三是正确的废话多。新闻稿件中会出现一些文字，看似有用，其实不能向读者提供任何信息，我们称其为正确的废话。

出现这种情况，一种是记者的文字功底不扎实，表述不简练，造成形式上的废话。比如，"历时十年的时间，他终于获得了这份重要的鉴定结论。"正确的表述应该为：历时十年，他终于获得了这份重要的鉴定结论。"的时间"三个字就属于正确的废话。如果编辑的文字能力比较强，这种问题很容易发现。

第二种是记者认为应该向读者说明、但实际上不能提供信息的文字，属于内容上的废话。比如：

> 依据有关规定，如此大的住宅小区应该在拿地后到发改部门立项备案，再到规划部门做详细控规，之后取得建设施工许可证。然而，发改局办公室主任表示，县里正在开"两会"，该小区的档案已经存放到县档案馆。需要新闻单位提出申请、总部盖章后交局长审批后查阅。但记者仍通过其他途径查到，县规划局确实审批通过了这一项目。

这段文字提供的核心事实其实是最后一句，即经过记者求证，规划局审批通过了这个小区项目。150个字可以精炼成15个字，135个字没有提供有效信息。

有人说，调查性报道要呈现调查的过程，此话有道理，但要区分具体情况，关键是看是否有价值。比如，2013年5月6日，新华社播发的《8天25个电话为何等不到一个答复？》，记述了记者就人们普遍关注的电动车标准有关事宜向广西壮族自治区质量技术监督局发出采访函后的遭遇，人们看到的是相关部门的推诿、言而无信，与中央一直强调的转变作风大相径庭。

相比调查过程，读者希望看到的是调查结果，如果调查有了进展，调查经过再曲折、艰苦，也只能是花絮和幕后故事，不能喧宾夺主地出现在稿件中。

第三节 悦读——新闻可视化

在海量信息面前，人们获取信息的渠道越来越多、速度越来越快。但是，读者花在阅读新闻上的时间却越来越少且趋于碎片化，平均读一条新闻的时间甚至以秒计算，如果对标题不感兴趣，也许都不会看第一行。

调查性报道关注的往往是错综复杂的利益纠葛或复杂的人际关系，如一个公司的股权变更或几个公司的关联关系，从文字上来说，往往需要几千字表述。对读者来说，要想理清其中的关系，除了要有一定时间阅读，还需要专心致志。

悦读——让读者在面对逻辑性很强的报道时，也能有阅读的快感，就需要把新闻信息用直接、简单的方式表现出来，从而让读者产生兴趣。

一图胜千言。心理学研究表明，一切记忆源于形象，通过图形传达的信息比文字传达的信息更能让人印象深刻。

北京秀水街，曾被称为"用改革开放的剪刀裁剪出来的21世纪的清明上河图"。2004年6、7月间，秀水街传出将要拆迁的消息。2004年6月21日，"秀水街市场大厦"摊位拍卖会异常火爆，一个小时不到，10个摊位5年承租权的拍卖全部结束，其中一个摊位拍出395万元。但秀水的商户们却认为拍卖背后是有人在操纵。

中国青年报记者的报道[①]如下：

> 秀水街商户的代理律师、北京法大律师事务所陈小兵说："想要破解围绕秀水发生的一系列奇怪现象，我们只要看看，是谁在利用秀水的无形资产受益？"

[①] 刘万永、周欣宇：《北京秀水街迷局》，《中国青年报》2004年7月14日。

记者在调查中了解到，秀水街市场的直接领导是北京市朝阳区建外社区经济管理中心（以下简称"管理中心"）。该中心是事业单位，隶属于朝阳区社区经济管理办公室，负责收取秀水市场的管理费。

1998年，"管理中心"所属的集体企业北京市朝阳区建华贸易公司申请注册"秀水"商标，有效期从2000年至2010年。

秀水街市场大厦的开发商是北京新雅盛宏房地产开发公司，大厦由北京秀水豪森服装市场有限公司经营管理。

记者从北京市工商局查询的资料显示，秀水豪森有两个股东，一是北京市新雅顺天府商业连锁有限责任公司，出资人民币160万元；另一个就是"管理中心"所属的北京市朝阳建华贸易公司，出资人民币40万元。

"建华公司是'秀水'商标的持有者，这是顺天府与之合作的基础。"秀水豪森公司董事长杨国彬说："而且他们对秀水有着多年的管理经验。"

杨国彬透露，建华公司法人代表郭利文也是管理中心书记，她现在已经出任秀水豪森公司总经理。

记者进一步调查发现，2003年年底，朝阳建华公司开始进行改制，将净资产56.035547万元（经审计由建外社区经济管理中心所有）转让出售给北京市朝阳区华秀工艺服装店29.035547万元，转让出售给管理中心书记郭利文及市场科科长武敬东等15人27万元。

2004年2月，朝阳建华贸易公司改制为天伟利达经贸有限公司，改制后的企业注册资金60万元，由北京市朝阳区华秀工艺服装店和郭利文等15人共同出资，郭利文继续任法人代表。

记者注意到，北京市朝阳建华贸易公司改制为有限责任公司是由北京建外社区经济管理中心批复的，时间是2003年12月9日，而郭利文一直是"管理中心"书记。

既是老秀水街的直接管理者，又是新秀水大厦的总经理，并为股东之一，郭利文的多重身份引起了记者的注意。记者多次试图与她取得联系，均被建外经济管理中心的工作人员拒绝。

记者调查至少说明，秀水无形资产的直接受益者是开发商新雅盛宏和经营商秀水豪森两家公司以及它们的出资人。而这其中，郭利文既是老秀水街直接管理机关的负责人，又是新秀水大厦的管理者和出资人，说明他们之间有着直接的个人利益，难免商户有灭"市"兴"厦"猜疑。

这部分报道厘清了秀水街利益相关方的联系，但如果读者没有认真阅读，很难搞清其中的利害关系。

当天下午，《法制晚报》转载此文时，配发了一个图表，可以让读者直观地理解这段文字。

如图4.1：

2010年7月初，中国青年报特别报道部成立调研小组，组织记者和实习生查阅了除台港澳外31个省（市、区）公开的有关高校招生政策规定和2010年加分考生公示名单，并查阅了100多所重点高校的招生章程，在统计、分析这些资料的基础上，采访有关专家形成了一份关于高考加分的调研报告。

研究发现，高考加分在许多地方成为社会管理的手段之一；高考加分泛滥，在重庆等地方，每5个考生中几乎就有一个加分的；高考加分呈现"三集中"特征，即向区域内的相对发达地区或中心城市，以及少数中学和个别项目集中；黑龙江、湖北等一些地方公示的加分考生信息比较完整，而山东、宁夏等一些地方在关键信息上"遮遮掩掩"，云南等一些地方则根本没有按规定时间公示；100多所重点高校对高考加分的态度也不一。

研究结果表明，权力和金钱越来越向高考加分领域渗透。

高考加分政策涉及千千万万考生及其家庭的切身利益。倾听民声，顺应民意，清理规范高考加分政策，从源头上遏制权钱交易腐败现象，维护高考公平正义，尤为迫切。

A4 要闻 今日焦点

比曼哈顿都贵的秀水街面临"拆旧建新" 明日撤市听证会今日突然宣布推迟

秀水撤市扯出利益迷局

区政府称，座谈会将广泛听取社会各界和商户意见　律师称，秀水的无形资产归属不能回避

面临撤市的秀水市场依然熙熙攘攘　　摄/本报记者 匡林华

本报最新消息（记者 郝璐）今天上午，朝阳区政府在凯莱大酒店向新闻界就秀水市场问题召开说明会，表示将推迟举行原定于明天举行的撤市听证会。两日后两天将举行两场座谈会，待要广泛听取社会各界和商户意见后，再举行听证会，具体时间待定。

秀水街服装市场，长仅500米，在中外游客眼里，与北京烤鸭、王府井齐名，有经济学家称之为"用改革开放的剪刀裁剪出来的'21世纪的清明上河图'"。

如今，"21世纪的清明上河图"可能要变成"清明散伙图"。

秀水，比曼哈顿都贵的地方？

2004年6月21日，"秀水街市场大厦"摊位拍卖会上，10个摊位的5年承租权拍出了395万元的天价。

"秀水街市场大厦"的开发商新雅盛宏房地产开发公司董事长张永平说："一般人心目中全世界租金最高的地方是美国，美国租金最高的地方是纽约，纽约最贵的地方是曼哈顿。其实，秀水比这些地方都贵！"

秀水撤市听证会原定明日开

拍卖会后第五天，6月26日下午，秀水街商户小组组长接到了秀水街商户的直接领导——建外街区经济管理中心市场书面通知，要求秀水市场户在代表，参加秀水拆迁听证会。两位商户代表可以发言，每人发言不能超过5分钟。

7月7日，朝阳区建国门外街道办事处发布公告："鉴于朝阳区秀水街市场存在重大安全隐患，……朝阳区人民政府建外街道办事处将举行秀水街市场撤市听证会。"公告原，将于7月15日召开。

两起"火灾"蹊跷

秀水街拆迁的"理由"中，"存在消防隐患"的说法始终占据重要位置。据说，秀水市场早被列入北京市消防局公布的"11个重大火灾隐患点"的榜单。

然而，不止一位商户向记者反映，秀水人防大量工作特别强，每家没有电器，不允许吸烟以有特定的吸烟点，顾客吸烟的，商户有责任劝阻，否则会被罚款。管理部门有专人负责消防巡查，开市前合闸。建市近20年，秀水没有发生过火灾。倒是最近，连续两起"火灾"，烧得让人莫名其妙。

第一次是今年3月，有人在秀水街垃圾桶仍过没有熄灭的烟头，垃圾桶冒烟。

第二次是今年6月13日下午9时，工作人员会同，一段电线被人剥皮，通电后冒出火花。

两次"火灾"有一个共同点：都是在上级部门检查秀水街消防安全的时候，检查人员刚刚到，"恰巧"着火了。

秀水街迷局，迷在哪？

秀水街商户的代理律师、北京法大律师事务所小兵说："想要破解围绕秀水发生的一系列奇怪现象，我们只要看看，是谁在利用秀水的无形资产受益？"

记者在调查中了解到，秀水街市场的直接领导是北京市朝阳区建外社区经济管理中心（以下简称"管理中心"）。该中心是事业单位，隶属于朝阳区社区经济管理办公室，负责收取秀水市场的管理费。

1998年，"管理中心"所属的集体企业北京市朝阳建华贸易公司申请注册"秀水"商标，有效期从2000年至2010年。

秀水街市场大厦的开发商是北京新雅盛宏房地产开发公司。大厦由北京秀水豪森服装市场有限公司经营管理。

"建华公司是'秀水'商标的持有者，这是顺天府与之合作的基础。"秀水豪森公司董事长杨国栋说："而且他们对秀水有着20多年的管理经验。"

杨国栋透露，建华公司法人代表郭利文也是管理中心书记，她现在已经出任秀水豪森公司总经理。

记者进一步调查发现，2004年2月，朝阳建华贸易公司改制为天伟利达经贸有限公司，改制后的企业注册资金60万元，由北京市朝阳区华美工艺服装品和管理中心书记郭利文等15人共同出资，郭利文继续任法人代表。

记者注意到，北京市朝阳建华贸易公司改制为有限责任公司是由建外社区经济管理中心批复的，时间是2003年12月9日，而郭利文一直是"管理中心"书记。

既是老秀水街的直接领导者，又是新秀水大厦的总经理，并为股东之一，郭利文的多重身份引起了记者的注意。记者多次试图与她取得联系，均被谢绝，经济管理中心的工作人员拒绝。

律师解读：谁的"秀水"？

秀水街商户的代理律师、小兵律师认为，"秀水"作为一个在国内外负有很高声誉的

图解秀水街迷局　　　制图/毛京东

知名品牌，其巨大的无形资产属于谁是这场纷争中不能回避的核心问题。如果通过法律程序确定秀水的无形资产归谁所有，只能是秀水商户，因为他们见证了秀水商标的缔造者。秀水的无形资产不能量化给某个人、某个企业，任何企业或个人在秀水商户不知情的情况下抢注秀水商标，实际是欺本应属于商户的无形资产，从而牟取暴利，这就像是"我所明，结果却被别人描走了"一样没有道理。

陈小兵说，区政府保证秀水商户合法权益的前提下，商户愿意出资、花数十亿甚至千万元，对秀水街进行改造。

在保卫秀水街的抗争中，秀水商户处处处于劣势。政府管理者亦官，亦商，既拥有"秀水"商标，又拥有秀水街命运的决定权，他们所不听被着敢竞争对手的秀水商户的意见，是否尊重商户的权益，目前为止，还是问号。

文/中国青年报记者 刘万永 周欣宇

CAN　北京中拍在线拍卖有限公司
拍卖公告

受委托人机关委托，我行将于2004年7月22日上午10:00在本公司拍卖大厅对朝阳区东三环中路189号办公楼进行公开拍卖。

[公告内容...]

拍卖预展日期
[详细内容...]

公司地址：西城区富国门大街中129号金隅大厦1704室
联系电话：010-66411669　66417152　13661300282

图4.1　法制晚报：秀水撤市扯出利益迷局

7月28日，中国青年报推出了两个整版的报道《高考加分乱象透视》[①]，7月28日，推出了《高考加分呈现"三集中"》。这组报道配发了几张图表，帮助读者更好地理解文字内容。

见图4.2和图4.3。

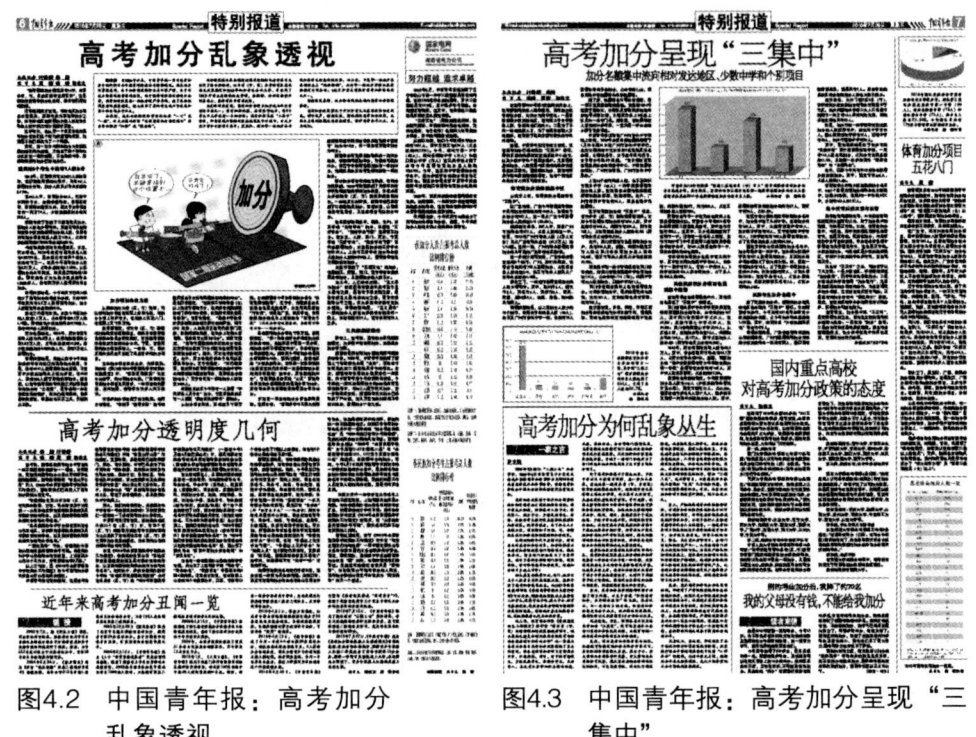

图4.2　中国青年报：高考加分乱象透视

图4.3　中国青年报：高考加分呈现"三集中"

2014年3月3日，《中国青年报》刊发了《塔河命案的26年跌宕》，讲述了发生在黑龙江省塔河县一宗命案被告人的审判经历：案发26年，羁押累计16年，一审耗费9年——经历漫长的岁月，案件审理远超法定期限，报道发表时还没有最终结果。

这篇报道6000多字，主体部分陈述超期羁押的情况以及形成原因。读者有

[①] 叶铁桥、来扬等：《高考加分乱象透视》，《中国青年报》2010年7月28日。

没有耐心读完这么长的报道，即使读完能不能对案情有清晰的理解？编辑没有十足的把握。基于这些情况，编辑制作了一张"案件进展示意图"，列出了需要请读者了解的关键时间点：

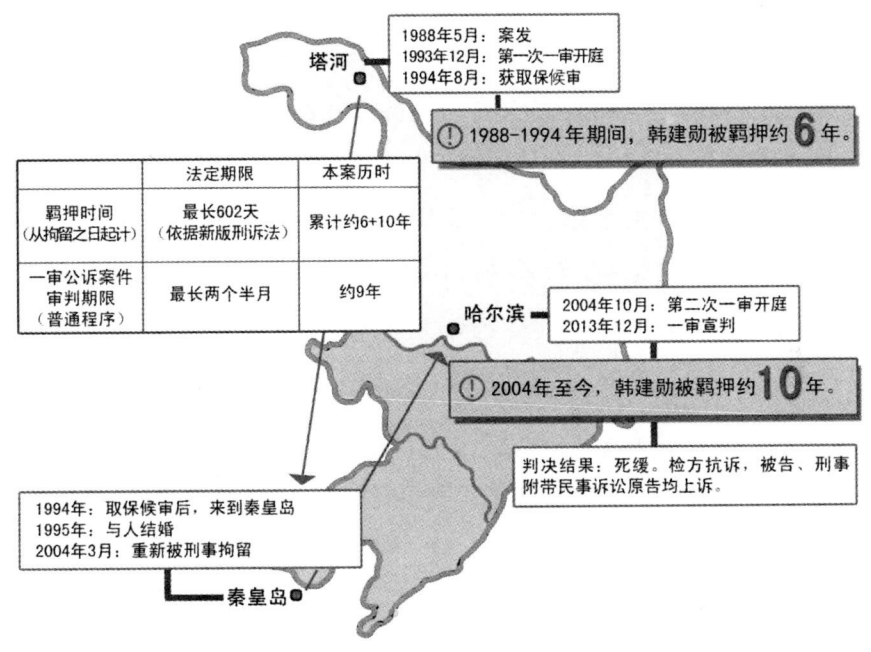

图4.4 案件进展示意图

一张图表是否吸引读者，有很多要求，比如要直观、准确，要抓住重点信息，不要贪多求全等。

从编辑角度来说，一张图表的产生，需要"记者—美编—编辑"三道工序，当然，有的图表比较简单，可以由记者或编辑完成，但不论如何，也涉及采编之间的配合。

记者的工作是采写，文字呈现；

美编的任务是把文字转化成图形，很多时候还要有自己的创意；

编辑的职责是主导记者的选题方向、采访节奏、报道的逻辑结构等。

当文字转化成图形时，既需要美编对报道内容有准确深入的理解把握，也需要加入自己的创意，根据不同内容设计出表现形式。因此，记者应和美编建立良好的沟通，说明报道中人物、事件的逻辑关系，甚至是没有明确表达或不便直接表述的内容，以便美编理解和掌握。同时，编辑也应和美编沟通，说明想要达到的效果，指出设计图形的方向。为了设计出更好的图形，美编应提早了解报道内容，为设计构思争取时间。

只有三者紧密配合，才能给读者奉上完美的图文作品。

需要说明的是，虽然图表能让调查性报道看起来更直观、生动，但并不是所有报道都适合用这种方式呈现，有的报道比较抽象，就不一定非要配成图表。

同时，上述内容讨论的仅仅是纸媒中调查性报道的表达方式，文字信息、数字转化成图表，仅仅是第一步，局限于单篇新闻报道本身。随着互联网技术的发展，交互式图表将会越来越多，读者看到的，不仅仅是单一新闻，同类新闻、更多数据将会被挖掘、整理出来，并进行定量分析，告诉你相关数据的意义所在。某一变量会对事件发展产生哪些影响，新闻的最新进展如何？读者会看到实时、动态、开放的新闻。

第五章　如何利用互联网进行调查性报道

2013年10月12日，贵阳市观山湖区控拆违（控制和拆除违法建设）指挥部组织城市综合执法、公安、司法等多家单位及部门的2500余人，对金华镇上铺村空山坝的51栋违法建筑实施拆除，面积约72243平方米。

10月13日，《贵州都市报》以"种房者，消息真灵通"为题予以报道。

同一天，新浪微博上出现一条消息：

贵阳贵航技工学院强迫2500名中学生伪装成特警去非法强拆！学生们表示：学校领导下了死命令，不敢不从！否则会被开除出校！这种学校还能教书育人？

这条微博还配了4张图：一群身穿特警服装的人员执行任务。

10月14日起，这条微博开始被大量转发，同时，原微博被删除。

10月15日中午，微博中所涉及学校"贵航高级技工学校"官网发布了《关于网上谣传贵航高级技工学校强令学生参与强拆的申明》，称："近日里，有人将一些图片移花接木，安放'贵阳贵航技工学校'名称，中伤学校。学校对此进行申明：一、贵州航空工业技师学院（贵航高级技工学校）没有强迫学生参与强拆，更无从谈起派出'2500人'一说。二、学校师生员工要自觉维护学生声誉，对造谣毁伤者给予旗帜鲜明的回应，不信谣，不传谣。三、凡对发帖恶意造谣中伤贵航高级技工学校的单位或个人，学校保留法律追诉权利。"

贵州航空工业技师学院（贵航高级技工学校）党委书记刘伟在接受采访时表示，此事完全是无中生有，一个学生也没有参与10月12日的拆迁事件。

观山湖区政法委发布报告称，此次拆违行动抽调的都是公务人员、周边区域安保公司的员工及拆违施工人员，与外媒宣称的"中学生被迫穿上黑色特警服冒充特警参与强拆"的说法完全不符。

10月17日，贵阳市政府发布了详细的调查情况，称参与拆迁的2171名保安中确实"有在职保安1334人、学生837人"，"针对网民反映有学生参与违章拆除的问题，观山湖区有关单位和个人在没有充分核实的情况下，向社会解释说不存在有学生参与拆除违章的活动，经初步查实，此消息与事实不符，是不负责任的"，"免去刘光祥观山湖区委政法委书记、区控拆违指挥部指挥长职务。免去俞静观山湖区城管局局长职务。免去王春燕观山湖区城管局执法大队大队长职务。"

10月18日，《新京报》发表报道称，类似有大规模学生参与其中的人数上千的拆除违章建筑活动，在当地已成常态。其背后，是一条至少4层转包的利益链。

一个帖子曝光一个事件，一个线索成就一篇报道，这几乎成了当今调查性报道消息来源的常见模式。

实际上，互联网对新闻报道的影响远非提供线索那么单纯，从搜集信息到寻找知情人士，再到当下热门的"大数据"，熟练掌握一定的互联网技术，已经成为一名记者必备的能力和要求。

一般而言，计算机辅助新闻报道技巧可分为4个方面，即计算机辅助报道（Computer-Assisted Reporting）、计算机辅助调查（Computer-Assisted Research）、计算机辅助参考（Computer-Assisted Reference）、计算机辅助聚谈（Computer-Assisted Rendevous），这4个方面常缩写为CARs。[1] 在这方面，美国新闻业界和教育界起步较早，计算机辅助报道已经成为新闻课堂必须讲授的内容之一。随着

---

[1] 家麟：《关注计算机辅助新闻学》，《中国记者》2002年第6期。

互联网技术的飞速发展，计算机的作用已经不限于调查报道的检索工具，更成为呈现报道内容的重要载体。2005年，美国密苏里新闻学院增设了媒体融合的新专业，还创立了一套完整的课程体系，编写了一批教材。

第一节　利用互联网进行调查性报道的现实基础

一、网民的持续增加，让互联网成为爆料的工具和途径

中国互联网络信息中心 2014 年 7 月发布的《第 34 次中国互联网络发展状况统计报告》显示，截至 2014 年 6 月，我国网民规模达 6.32 亿，半年共计新增网民 1442 万人。互联网普及率为 46.9%，较 2013 年底提升了 1.1 个百分点。

同时，互联网发展从"广"到"深"，网民生活全面"互联网化"。互联网发展重心从"广泛"转向"深入"，网络应用对大众生活的改变从点到面，互联网对网民生活全方位渗透程度进一步增加。2014 年上半年，中国网民的人均周上网时长达 25.9 小时，相比 2013 年下半年增加了 0.9 小时。除了传统的消费、娱乐以外，移动金融、移动医疗等新兴领域移动应用多方向满足用户上网需求，推动网民生活的进一步"互联网化"。

在"人人都有麦克风"的今天，每一个网民都可能是新闻当事人或目击者，他们可以把自己了解的情况、拍到的照片或视频发布到网上，专业记者据此判断是否应该跟进，也可能把这些文字或图片写进报道。

另一方面，人人网、QQ 空间、微博等社交工具的广泛使用，让更多的人在网络空间留下痕迹，我们正在寻找的人就在那里。

在很多采访中，记者事先并不知道谁是知情者，但事后发现，他们早已在虚拟世界留下了蛛丝马迹。因此，利用互联网，尽可能在报道发表前找到他们，不仅能节省大量时间，更能丰富报道内容。

需要强调的是，不论媒体报道的线索有多少来自互联网，"核实"永远是记

者需要做的第一件事。网友在自媒体上发布的消息,可以出现偏差,但传统媒体不能有闻必录,应该在核实准确的基础上进行深入报道。

实际报道中,到新闻事件现场采访,是确保新闻真实的重要环节。虽然现场采访常常失去时效性,但保证新闻真实应是第一要务。

二、政府网站、政务微博的发展让官方发声更及时

人民网舆情监测室联合新浪微博发布了《2014年上半年新浪政务微博报告》。截至2014年6月26日,新浪微博平台认证的政务微博达到119169个,较2013年年底增加19018个。其中党政机构官方微博84377个,公职人员微博34792个。部委微博在政务微博矩阵中仍然发挥较强影响力,基层政务微博的影响力也迅速提升。在政务微博和公职人员微博影响力TOP 1000排行中,基层政务微博和公职人员微博占到72.7%。

报告指出,政务微博的信息公开职能进一步强化,与网友的互动则呈现爆发式增长。2014年上半年政务微博发博2435万条,被转评3.17亿次,转评量接近过去3年的总和。政务微博的服务职能也得到提升,尤其是依托粉丝服务平台提供的智能化和个性化服务,使政务微博有望成为公众生活中的"水电煤"。

2013年10月15日,国务院办公厅发布《关于进一步加强政府信息公开回应社会关切提升政府公信力的意见》,要求积极探索用政务微博、微信发布政务信息,确保在应对重大突发事件以及社会热点事件时"不失声""不缺位"。

目前,国务院75个单位(议事协调机构未列入)中,有32个单位已开微博,约占总数的42.6%。而由单位办公厅、新闻办直接开设的"部委微博"有19个,占25.3%。

我们看到,政务微博已经成为中国社会热点事件的重要参与部分。无论是在长春304婴儿丢失案、厦门公交纵火案等突发事件中,还是应对禽流感疫情等重大公共事件中,政务微博都能及时发声,回应公众关切。

此外，一些政府官员开设经过实名认证的微博，他们就某些问题的发言可以当作职务发言引用到报道中。

2013年4月28日，黑龙江省大庆市公安局破获一起原油被盗案。河北省沧州市南大港产业园区的两家企业，涉嫌收购被盗原油，相关人员被抓。

5月9日，当大庆警方准备将查扣的油品运回时，一些嫌疑人的亲属堵在两家涉案公司门口，阻止警方，称要运走的油品并非全是涉案的"赃油"。此外，一些人还质疑大庆警方在抓捕中存在严重不当，以及抓捕过多无辜人员的问题。

此后，大庆警方与河北及沧州警方相互指责。

大庆警方认为，对峙局面出现后，沧州警方的处置工作开展不力，导致对峙局面一直无法得到化解。

河北及沧州警方则认为，在案件的办理中，河北省公安厅、沧州市公安局已经全力配合大庆警方开展工作。但大庆警方在案件办理过程中，在沟通协作方面考虑不周，办案存在一些瑕疵，存有引发当地群众强烈不满的隐患。

尽管公安部介入协调，但问题依旧拖延了几个月。

对峙局面还影响到律师会见。被大庆警方抓捕的犯罪嫌疑人的律师称，律师前往大庆会见当事人，前期会见基本顺利，但在5月9日，大庆警方运油受阻后，律师会见当事人遇到了困难。

多名律师介绍，他们接连去大庆三次，准备会见当事人，均被拒绝。

我们知道，调查性报道多涉及公检法等部门，然而采访这些部门非常困难，即使按要求办理了各种手续，也往往得不到有价值的回复，更多的情况是采访函如泥牛入海，听不到任何回应。

如果记者报道"大庆警方沧州运油"事件，应该针对律师提出的会见难进行求证。

传统的操作方法有两种：

其一，记者向大庆市公安局提出采访申请，估计很难有回复。

其二，记者直接给大庆市公安局打电话，可能的结果是"不清楚""请示领导"等。

这两种方式，记者都可以把采访过程写入稿件中，以达到平衡的效果。但实际上，记者并没有向读者提供大庆警方更清晰的回应。

好在还有第三条路。

大庆市公安局局长曹力伟在腾讯微博开设实名认证账号。对于禁止律师会见迟洪海等人的问题，5月28日，曹力伟发了一条微博：

> 5月9日以后，由于你们阻碍原油返还，我下令调查并决定暂缓会见。你们阻碍原油返还的行为不停止，我就无法考虑你们请求会见的主张，总不能你们想怎么样就怎么样吧。

由于曹力伟的微博是实名认证的，京华时报等媒体报道时，直接引用了这段话。当然，对记者来说，及时截屏保存证据也很重要。

针对曹力伟的回应，报道引述了法律规定和律师的话作为平衡：

> 今年1月1日，新修订的《刑事诉讼法》正式实施。这次刑诉法修正案草案规定，律师在侦查机关第一次讯问或者采取强制措施之日起，就可以辩护人的身份介入案件。
>
> 中华全国律师协会刑法委员会主任、曾经深度参与该法修订，并且领衔起草了《刑事诉讼法》律师修改建议稿的田文昌律师表示，新的刑诉法都实施半年之久了，公安机关居然还能以这种理由来阻碍会见，这是明显的违法行为。

第二节　如何利用网络进行调查性报道采访

一、寻找报道线索

如前所述，在"人人都有麦克风，人人都是记者"的时代，每个人都可以把所见所闻发布在网络上，多数会沉寂下去，淹没在信息的海洋中。但有的会形成关注热点，从网络转移到纸媒。

互联网是一个开放的平台，公开发布的消息，不会针对某一类人（如记者）。因此，第一时间关注，往往成为进行快速报道甚至独家报道的决定性因素。

在信息的海洋，怎样才能第一时间打捞到有价值的信息？

——选择重点网站，做到经常浏览。比如，"天涯"有很高的人气，经常会有人在上面爆料，记者应该经常去浏览。再如，环境保护、气象、地震等部门的官方网站发布消息比较及时，记者也可以关注。

——微博。很多人微博关注的是熟悉或感兴趣的人，其实不妨扩大范围，有意识地关注一些其他领域的人，看看他们关注什么，也许他们讨论的话题是我们可以报道的。

微博内容：

2013年8月21日14点48分，实名认证的山东岳首律师事务所赵永林律师发布了一条微博：

【伊春创卫，法院关门一周】伊春区法院，大门紧闭。敲门，一位服务员模样的妇女打开一条门缝，问干啥，我说我是外地律师，来法院阅卷。她告诉我,现在伊春正在创建卫生城市,法院停止上班,有事一周后再来。政府"创卫",法院关门去当啦啦队,多少当事人被挡在门外,他们忠诚的显然不是法律,而是权力。

微博同时配发了两张照片,其中一张是赵永林背黑色双肩包,戴着墨镜,双手插在裤兜里。他身后不远处是"伊春市伊春区人民法院"的牌子,牌子旁是关着的法院大门。另一幅图片里,法院一旁的立案大厅,门也紧闭着。

为创建全国卫生城市,法院停止上班一周打扫卫生?若果真如此,是非常荒唐的。

中国青年报特别报道部对此进行了采访。

公开信息显示,伊春市在2011年年底获得了"全国卫生城市"称号。目前正在进行的,是"全国文明城市"创建工作。

8月22日9点到11点半之间,记者陆续拨打了伊春市伊春区人民法院在当地114查号台登记的电话号码,包括院长、副院长、财务科、政工科、民庭等八个部门,除一个为空号外,其余均无人接听。

8月22日下午3点,记者电话联系到伊春市中级人民法院院长石岩梅。她表示,自己刚刚得知伊春区人民法院工作人员参与"创文"活动一事,并承诺立即改正。

二、寻找采访对象

对一次调查采访来说,找人往往是最耗费时间的环节:找谁?他/她知道什么?网络时代,找人的过程被大大简化了。

比如,2012年5月,笔者报道广西青年"王子发9年冤狱"时,出发前联系王子发的家人,知道他是广西壮族自治区东兰县武篆镇拉乐村板更屯人,通过网络搜索,找到了拉乐村小学的电话,但这个电话始终没人接听。又搜索到该村一个商店的电话,通过这个电话找到了王子发的家人。

事实上，即使是偏远山区的一个农民，他的名字也可能出现在"退耕还林"补贴农户之列，或者参加了农村合作医疗，而这些正是当地政府政务公开的重要内容。记者可以通过这些渠道，辗转找到你要找的人。

三、网络搜索技巧

网络搜索的基本方法是使用关键词，正确使用关键词，会提高搜索的精准程度。

此外，网络搜索还有一些技巧，掌握这些技巧，会大大减少记者的工作量，提高效率。

——排除某些干扰项。比如，百度搜索"袁厉害"。页面信息过多。

我们可以搜索"袁厉害 - 牟利"。会出现相对简洁的页面。

减号代表搜索不包含减号后面的词的页面。使用这个指令时减号前面必须是空格，减号后面没有空格，紧跟着需要排除的词。

使用减号可以排除大量自己不需要的信息，更准确地找到需要的网页，尤其是某些词有多种意思的时候。

——限定特定站点。比如，如果只在教育类网站搜索"北京"，关键词可设为"北京 site：.edu.cn"。

比如搜索"口罩 实名制"。当我们需要知道政府网站的相关消息时，可以把关键词设定为"口罩 实名制 site：.gov.cn"

——限定文件类型。Filetype 的含义结果只能是所要求的文件，常见类型有 doc、ppt、pdf、xls。

关键词 +filetype：类型【搜索引擎 filetype：ppt】【photoshop 教程 filetype：pdf】

——allintitle：搜索返回的是页面标题中包含多组关键词的文件。

例如：allintitle：四六级成绩查询，就相当于：intitle：四六级 intitle：成绩查询。返回的是标题中既包含"四六级"，也包含"成绩查询"的页面。

——双引号" "。把搜索词放在双引号中，代表完全匹配搜索，也就是说搜索结果返回的页面包含双引号中出现的所有的词，连顺序也必须完全匹配。百度和谷歌都支持这个指令。使用双引号搜索可以更准确地找到特定关键词的竞争对手。

使用语法："关键词""关键词1 关键词2"。

——intitle：指令返回的是页面 title 中包含关键词的页面。即检索词仅匹配（在网页标题中）字词出现在检索结果的网页的链接内和打开网页后浏览标题栏内。使用 intitle 指令找到的文件是更准确的页面。

四、如何利用社交网络寻找到采访对象或相关人员

在中国，最流行的开放性社交网络主要有新浪微博、QQ 空间、人人网等。它们相对于微信朋友圈这样的私密社交网络具有开放性、广泛性、包容性等特点，只需实名注册一个账号，便可浏览其中绝大部分内容。其中，又以新浪微博最为流行。QQ 空间的用户偏向于年轻化，而人人网用户主要集中在学生群体。下面以新浪微博为例，结合其他搜索手段，讲述寻找采访对象的一般性办法。

首先，使用新浪微博提供的高级搜索功能，结合事件发生的地点，搜索当地发布的微博。高级搜索功能提供的可选项如下：

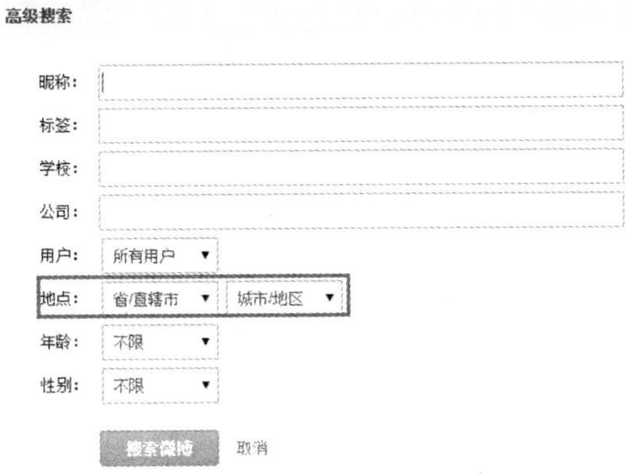

图5.1 新浪微博：人物高级搜索选项

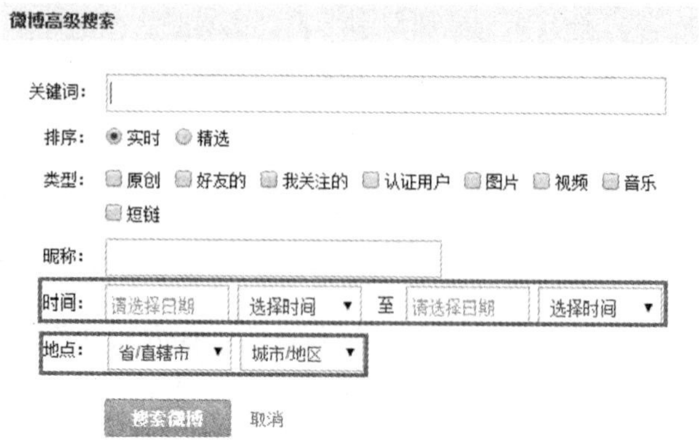

图5.2　新浪微博：微博高级搜索选项

通过高级搜索工具，一般能找到一些目击者的微博。如果发现有目击者声称在事发现场，甚至拍下现场图片，就可以私信联系对方请求采访机会。

如果由于某些特殊原因，目击者微博被删除或屏蔽，导致无法寻找到相关线索，就需要使用一个名为"自由微博"的搜索引擎（其地址用谷歌可查到），这个网站通过保存快照的方式，记录了被新浪官方删除或屏蔽的微博。

其次，在获取到目击者的或相关人员的微博主页地址后，除了通过私信方式联系，更有必要取得手机号码或微信这样的直接联系方式。先观察其是否使用了个性化域名，例如"http：//weibo.com/zhangshan"这样的形式。如果属于这类情况，那么个性化域名中的 zhangshan 很可能是博主经常用到的网络 ID，也会在其他场合用到。例如，博主常常也使用相同的 ID 号注册微信、QQ、豆瓣等网络。若初步观察这个 ID 具有一定特点而非大众化的名称，则可以尝试在百度或谷歌里搜索该 ID，扩大搜索范围。

另外，在博主的历史微博中，也可搭配关键词"QQ""微信""联系""电话""手机""快递""换号""新号"等关键词，看看博主是否曾在微博中透露过相关信息。

如果时间充裕，可以逐条阅读博主微博及其好友互动，深入挖掘所需信息。在发现博主也曾在其他社交网络有活动记录后，若有必要，也可用类似的办法继续详细调研这些记录。

如果找到博主的 QQ 号或其他社交网站上的 ID 信息，可以进一步百度或谷歌搜索。如果博主曾在网络上发布过私人联系方式，通常不会被遗漏。

一般说来，新浪微博已经能够满足普通人群的搜索需要。如果需要进一步进行具有针对性的搜索，可以把搜索范围限定在有限的网站中。例如，如果寻找的是在校学生，则其在人人网注册活动的概率会比较大；如果需要在功能性或兴趣性话题群体中寻找采访对象，则豆瓣值得尝试；如果年龄偏长或偏幼，并且不在一、二线城市居住，则很有可能在 QQ 空间上活动较多。

另外一个非常值得关注的社交网络便是知乎，知乎上汇聚了大量的不同领域专家，并且几乎都是实名认证，如果需要进行专业领域方面的采访，则可尝试在知乎上寻找合适人选。

最后，如果需要采访海外人士，不能错过的便是 Twitter 和 Facebook 这两个世界上覆盖面最广泛的社交网络。

百度等搜索工具都有搜图的功能，这也是一个找人的途径。比如，某人发布一张新闻图片，我们用搜图功能进行搜索，或许可以找到此人在其他社交媒体上发布的相同或相近图片，如果有联系方式就可以直接进行联系了。

五、如何从互联网文档中定向寻人

如果清楚自己需要寻找什么人，或者已经有了一个大致的范围，则可以从互联网的文档库系统中尝试搜索相关信息。互联网上的文档不同于可以直接搜索查看的网页，通常以 PDF、Word 文档、Excel 电子表格、PPT 幻灯片等文档格式存在，内容通常会是一些比较深入的敏感信息，如花名册、演讲文稿、策划方案等。这些文档中常常会包含作者或相关人员的详细联系方式。

现在已经存在很多数据量庞大、涵盖面广泛、组织系统化的文档资料库，如百度文库、豆丁文档、道客巴巴、新浪爱问等。有成千上万的公文数据被上传到这些文档系统中，如果能使用好"文档类型"+"关键字"这样的搜索手段，很可能在很多文件里搜索到隐含的联系方式。使用文件类型指令搜索的方法在前文已有说明，在此不再赘述。例如需要寻找教育部新闻发言人，则采用关键词搜索：教育部 新闻发言人 filetype:all，如下图所示（注：filetype：all 中间的冒号是英文标点，不能使用中文标点）。

图5.3　从百度文库中搜索联系方式

第三节　如何利用网络编辑调查性报道稿件

一、校正事实，防止差错

过去，很多媒体的资料室都保存着大量的图书资料，其中工具书最重要，比如汉语词典、成语词典、行政区划手册等。

为什么这些书是必备的？因为紧急情况下可能用得上。

比如，甘肃省张家川县，准确的写法应该是"甘肃省张家川回族自治县"，特别是稿件中第一次提及这个地名，应写全称。

再看下面的报道：

> **本报讯** 6月1日，叶海燕代理律师王宇向广西省桂林市博白县公安局提交了申请暂缓执行行政拘留的申请。

一句话出现两个错误。

错误一：广西不能称为省，应为广西壮族自治区。

错误二：博白县，位于广西壮族自治区东南部，属于玉林市。

过去，类似的错误，要么靠编辑的知识储备，要么靠查证工具书，都能得以改正。

现在，只要编辑对某些表述有疑问，基本都能从互联网上找到答案。

当然，需要注意的是，编辑应找权威的网站查询。如果不能找到权威信息来源，应该通过工具书等其他渠道查证。

二、检索资料，充实背景

如同写论文要检索前人论述一样，调查性报道也要向读者适当交代事件背景，让读者进一步了解报道的价值和意义。

比如，2013年10月18日《中国青年报》刊登了《涉嫌贪腐落马的官员院士候选人》。报道中涉及刘仁生、郑道访、经德良等三人，他们都曾冲击院士这一荣誉，最后都因经济问题落马。

采写稿件时，记者通过网络检索了三人的相关报道，并以"链接"的形式将其简历附后。

如：

郑道访

生于1941年，四川省交通厅原副厅长。

公开资料显示，郑道访是全国"五一劳动奖章"获得者，作为四川省高速公路建设的技术权威，他还参评过中国工程院院士。

据新华社2000年报道，因涉嫌受贿，2000年4月，郑道访被四川省人民检察院立案侦查。在侦查过程中，办案人员先后在郑道访办公室、住宅等处扣押、冻结货币等财产共折合人民币1277.7万余元。2000年11月16日，四川省高级人民法院以受贿罪、巨额财产来源不明罪数罪并罚判处郑道访死刑。

三、综合信息，佐证事实

2007年4月2日，《中国青年报》刊发报道《2005年审计风暴有说法　国家体彩中心原掌门人涉嫌滥用职权落马》："天津一家印刷企业的刘女士（化名）在

3月初的一天,终于从检察机关获知,国家体育总局体育彩票管理中心原法定代表人、主持工作的副主任张伟华涉嫌滥用职权一案侦查终结,将向法院提起公诉。"

记者在采访"体彩稿"时,由于此案尚未开庭,采访难度很大。尽管作了种种艰辛的努力,仍没获取到核心的案情。

记者获得的事实只有:

(1)张伟华和他的一名同事被"双规"的经过;(2)检察机关在天津某印刷企业的调查情况;(3)案情的最新进展:涉嫌滥用职权一案侦查终结,将向法院提起公诉;(4)合作商人讲述的一些体彩内幕。

一是经网上查询,获得了许多重要发现,包括:一是一个事业单位公告栏出来了:"单位名称:国家体育总局体育彩票管理中心　变更事项:法定代表人的变更　由:张伟华变更为:王卫东。批准时间:2006—09—04"。

从这个公告栏上可以看出,国家体彩中心更换法定代表人,从张伟华换为王卫东的时间是2006年9月4日,从而佐证在这之前张伟华被检察机关批捕应该属实。

二是从审计署网站上找到相关的审计报告原文:《关于2004年度中央预算执行和其他财政收支的审计工作报告》,审计报告称:"在彩票印制过程中,体育彩票管理中心负责人弄虚作假……致使彩票发行费在2003年2月至2005年1月流失2341万元。"

三是从审计署网站上找到审计公告《国家体育总局2004年度预算执行审计结果(二〇〇五年九月二十六日公告)》,披露了体彩中心下属两公司获利惊人的内幕,居然高达5.58亿元,并表明已移交监察部进一步调查处理。

四、新闻可视化,讲好故事

有论者认为,在大数据时代,记者工作的重点要从"第一个报道者"转化为对新闻事件影响的阐释者。未来调查性报道对互联网的应用，不仅仅是找人或找线索。

2011年8月6日，英国首都伦敦发生一系列社会骚乱事件。骚乱导火索是当年8月4日在伦敦北部的托特纳姆，一名29岁的黑人男性平民马克·达根（Mark Duggan）被伦敦警察厅的警务人员枪杀，民众上街抗议警察暴行。此后，骚乱扩散至伯明翰、利物浦、利兹、布里斯托等英格兰地区的大城市。

骚乱发生后，黑莓即时信息推送服务BBM以及Facebook和Twitter等社交媒体工具被推上风口浪尖。英国官员表示，暴徒正利用这些通信工具组织起来，抢劫作案。

伦敦市托特纳姆区议员大卫·拉米（David Lammy）呼吁黑莓厂商RIM暂停BBM服务。伦敦警察厅副助理警监史蒂夫·卡瓦纳（Steve Kavanagh）称，"富有煽动性的、不准确的"Twitter消息是骚乱的关键诱因之一。

英国首相卡梅伦称："所有看到这些可怕行为的人，都会为暴徒是怎样通过社交媒体组织起来而感到震惊……当有人使用社交媒体煽动暴力时，我们必须加以阻止。"

美国基督教科学箴言报网站撰文指出，伦敦骚乱暴徒通过社交网络和黑莓通信服务进行组织联络，但通信服务只是工具，社交媒体也没有改变骚乱性质。因骚乱而怪罪社交媒体的观点是片面的，也没有抓住事情的本质。

英国《卫报》也做了相同的报道，但采用了全新的模式。

骚乱发生后一个月，卫报邀请曼彻斯特大学的学术团队一起研究社交媒体在骚乱中的作用。后者一共分析了260万条关于骚乱的Twitter信息，观察谣言如何在Twitter上传播，不同的用户在散布信息中的功能，以确定Twitter和其他社交媒体是否煽动了骚乱。同时，专家还对参与骚乱但没有被抓捕的人进行了访谈。司法部还给了"解读骚乱"研究组特权——准其进入监狱，采访13个已被判刑的人。

实际上，"解读骚乱"研究效仿的是1967年美国底特律暴乱后所进行的调查。

当时，底特律《自由新闻报》（*Free Press*）与密歇根社会研究机构协作，调查结果挑战了当时关于骚乱成因的主流臆测。

在互联网时代，同样的调查结果有了全新的呈现方式：

技术组从 270 个采访对象当中选取了 87 个，并将其深度访谈做成了互动的新闻幻灯片《暴徒的自白》。一个每边由 5 张照片构成的长方形是主界面，中间是一张幻灯片，照片里反映的是采访对象描述的相关场景。点击照片中间的幻灯片就会显示采访对象说过的一句话，或者是对骚乱的看法，或者是描述自己当时的经历。

每一条引语的下方还用一个"阅读更多内容"（Read More）的链接指向对该采访对象更为详细的文字报道。幻灯片左下角会出现受访者的性别和参加骚乱的地点，右下角则是并排的两幅地图，右边的地图用红色圆圈标示出该地点在英国地图上的位置，左边的地图则标示出该骚乱发生地在城市的具体区域位置。

主界面下方还有 12 个关键词：消费主义、目击者、黑帮、女性、男性、社会不公、年满 18 岁、未满 18 岁、警察、种族、拦下搜身、社交媒体，或是总结引语中提及的同类事物，或者描述受访者的相同特点。每点击一个关键词，主界面就会显示与该关键词内容相关的所有照片。[1]

卫报的"解读骚乱"数据团队使用地图显示骚乱发生地点的贫困程度，让"骚乱与贫困没有关系"主流政治话语不攻自破。

他们还制作了一段视频，将暴乱发生地和参与群众的家庭地址联系起来，显示出"暴乱路线"，建模预测暴乱最有可能采取的路线。

此外，研究者还对 Twitter 信息进行分析，分类编码为"重复、驳斥、质疑、评论"，并对数据进行可视化处理，指出了 Twitter 在纠正谣言方面发挥了积极作用。[2]

---

[1] 黄超：《社会科学研究方法在复杂议题融合报道中的应用——以英国卫报网站"解读骚乱"专题为例》，人民网。
[2] 郭晓科主编：《大数据》，清华大学出版社 2013 年 1 月第 1 版。

第四节　调查性报道也可以"众包"

一个人无论多么博闻强识，总会有知识盲区。一名记者无论有多少线人，也不能知晓每一个新闻大事。一个重大新闻事件发生后，记者需要花费大量时间大海捞针般地寻找知情者，我们不知道他是谁、在哪里、知道什么、愿不愿意开口，全部采访结束才发现，其实可以有更便捷的方法和路径找到他们。

有没有一种可能，改变这种靠"运气和经验"寻找采访对象的现状，甚至直接抵达真相呢？

"新闻众包"是一种尝试，未来可能成为对专业记者调查采访的重要补充。

2006年，《连线》杂志编辑杰夫·豪在《众包崛起》中首次提出"众包"（crowdsourcing）这一概念。它是一种新的商业模式，即企业利用互联网将工作分配出去，以发现创意或解决问题。

这个概念移植到新闻传播业便出现了"新闻众包"一词：把传统上由媒体内部员工承担的工作，通过互联网以自由自愿的形式转交给大众群体来完成的一种组织模式。

2009年，英国卫报邀请读者调查英国议员消费情况的活动，被看作"新闻众包"的一个成功案例。

这次"众包"的背景是，英国《每日电讯报》对议员违规消费进行了很长时间的报道，为了回应舆论，英国政府将所有议员四年以来的花费情况都通过网络公布出来，文件有100多万份。

如果按照传统的报道方式，卫报应该派一个或一组记者查阅文件，发现问题进行报道。但问题是，光是看完这100多万份未经整理的文件，已经是非常艰巨的任务了，再形成报道不知道会到哪一天。

卫报设计了一个页面，邀请大众参与调查议员的花费单据，有两万多名读者参与了这次调查。卫报编辑西蒙·罗杰斯在接受采访时说，有人坚持不懈地翻看每页资料，寻找数据中的异常和故事，有个人看了3万页文件。调查项目上线不到80个小时，读者就审查完了17万份文件。

不仅如此，读者还向《卫报》提供了他们所知道的议员消费的事例，相当于帮助记者提炼故事，完成采访。

新闻众包的另一个模式是维基百科。一个重大新闻事件发生1～2小时，维基百科就会出现相应条目，更重要的是，词条会不断更新，越来越全面准确。参与更新的人，最初是事件目击者或知情网友，三四个小时之后，专业编辑开始介入，无用信息被剔除，读者读起来更便捷。

国内的新闻媒体也在尝试用"众包"的方式生产新闻。新华社推出的"我报道"是集用户原创、现场报道、解读评论、点题服务于一身的多媒体新闻集成交互平台。

新华社的一篇报道在推荐这款APP时说，想要成为中国国家通讯社的"公民记者"？拿出手机，下载"我报道"客户端，发送图片、视频或文字——就这么简单。

相对于某一个记者应用互联网技术采写新闻，"我报道"是互联网技术改变新闻生产方式的一个重要尝试。

新华社的报道说，新华社通过"我报道"鼓励"公民记者"从新闻现场报料，同时发挥新华社专业采编能力和遍布全球的新闻信息采集传播网络优势，集成图片、视频、文字等形式，实时推送真实、客观、有价值的资讯。

"我报道"客户端分四个栏目：我来报料、我在现场、我来解读、我的观点，强调将"草根声音"融入专业传播，第一时间呈现中国的政治进程、经济发展、社会热点，让"我"随时随地"看中国、知中国、报中国"。这里的"我"可以是专业记者，也可以是任何身处新闻现场的公民。

互联网上的信息传播迅速，虽有自净功能，但难免令人真假难辨。为此，"我报道"采取了一些措施，尽可能保障信息的真实可靠。

一是实名认证。相对匿名者，实名认证的人发布虚假信息的可能性大大降低。

二是技术上把关。比如手机发稿时的定位，图片是否修改的技术锁定等。

三是人工核实。编辑需要打电话核实用户的身份，通过专业知识判断这名用户提供信息的真实性，并对每个人打分，在后台加上风险提醒。

2015年1月2日，哈尔滨北方南勋陶瓷大市场仓库发生火灾，大火持续了20多个小时，造成11层高的建筑坍塌，5名消防员牺牲、14人受伤。这次火灾报道，"我报道"的611条报道中，有465条是在现场的注册用户实名发布的，占比高达76.1%。专业记者发稿仅占23%，新华社记者发稿137条，很多是用户提供了线索由记者核实的。

当然，包括"我报道"在内的很多"众包"尝试，目前只是突发新闻的报道，并非严格意义上的调查性报道。但这种模式完全可以对调查性报道起到支撑作用，如果把"我报道"仅仅当成爆料平台，用户爆料的同时添加定位功能，后台即可知道爆料者所处的位置，更加便捷地掌握新闻发生的地点；在用户的评论、跟帖中，可以了解关于某条新闻更多的信息，便于记者更新、跟进新闻。更重要的是，记者可以在一个相对封闭的空间征集知情者，既能扩大信息来源，又能尽量保证线索的独家性。过去记者试错式的采访，费时费力的生产方式将会发生根本性的改变。

第六章　记者面临的陷阱

第一节　记者为什么会上当

2006年10月，在意大利电视一台精心设计的"采访"中，十多名意大利议员被检测出曾服用可卡因和大麻等毒品。这一结果，证实了人们普遍认为的许多议员服用毒品的猜测，引起了意大利民众的强烈反应。

电视台的做法是：派出一组人员假装采访意大利议员，并乘其不备，安排一名漂亮的女化妆师假装为其擦汗而获取了这些议员的汗液样本。药检结果显示，在被"采访"的50名议员中，有12人曾吸食大麻，另有4人则被检出曾服用可卡因。

最终，意大利隐私保护部门下令该节目撤掉涉及议员服用毒品的内容。节目中播出的只是毒品检测药签如何进行检验的内容。

如果成功播出，这将是一条轰动的陷阱新闻（entrapment journalism）。当然，你也许会说，这是一个记者靠智谋成功采访的案例，因为如果记者采取常规方式很难证实议员们有吸毒史。

不错，记者的职责是采访，很多时候要突破重重阻力，拨开层层迷雾，才能向受众呈现事实真相。但是，对一名记者来说，如果你仅仅津津乐道如何给采访对象设置"陷阱",显然是不够的。

真实,是新闻的第一要义,也是新闻的生命所在。调查性报道的对象,是涉及公共利益的事件,因此,调查性报道更强调信源真实可靠、证据确实充分、逻辑清晰、用词准确,最大限度规避诉讼风险。

尽管如此,一些报道还是出现了纰漏,甚至在重要事实的描述上出现硬伤或根本性的错误,造成新闻失实或虚假新闻。

考察虚假新闻产生的原因,有的是少数记者有意编造。本节重点讨论的是记者虽然努力探寻真相,却在不自知的情况下进行虚假报道的情形——记者在采访中是怎样一步步落入"陷阱"的呢?

新闻采访中,记者之所以会落入"陷阱",有记者自身的原因,可以归纳为三方面:综合能力不足,工作态度不积极,心理状态不稳定。

先说能力问题。优秀的记者要具有良好的观察能力和判断能力,如同一名出色的侦察员,既长于把握宏观层面的事实,也善于发现容易被忽略的细节,不轻信、不敷衍草率,直到找到全部真相。认真对待每一个细节,报道失误的可能性就会降低。

记者对待采访的态度也很重要。采访是否深入、细致、全面,不仅直接影响写作,更决定着报道的真实性。记者采访心态浮躁,就容易产生虚假新闻。

2001年12月23日,某报刊发的《众教师关注性课程改革》的报道称:本来预计300人参加的讲座,竟来了近3000位老师听课!到底是什么讲座吸引了这么多老师前来听讲?原来这是由市教委主办的一个关于中小学性教育课程和学校管理的讲座,专门请了这方面的专业人士来主讲……下午3时后,记者又到讲座现场,虽然当天是冬至,但大批老师仍站在礼堂侧门外听课。教师们说,他们都很关注这次性课程改革。

报道见报当天上午,就有读者来电指出,这次讲座内容根本不是"性教育课程改革",而是"研究性学习"。

这篇消息的作者是一名记者和两名实习生。三个人写一篇几百字的消息,为什么基本事实都错了？经调查，记者根本没到过现场，只是实习生到过现场。而实习生只是在会场外围看了一下，也没有进会场去看、去听，根本不清楚讲座情况，看见一个"性"字，就想当然地认为是"性教育"。

心理状态也会对记者的采访产生影响。记者的非智力因素（情绪情感、意志、动机、信念等）会影响到其心境、表达能力和判断能力。有时候，记者过分依赖生活经验对事情作出判断，看待问题先入为主，对那些与原有判断相反的证据会视而不见。有时候固执己见或浅尝辄止，都会导致出现错误。认识有盲区，自然容易掉进"陷阱"。

比如，在一篇报道中，记者记录了一个细节：主人公向不同媒体反复讲述人生中唯一一次坐出租车的各种细节，"只是讲得太多了，有时候讲成'出租车'，有时候又讲成了'三轮车'。"

这样的文字，给读者的印象是主人公撒谎，但谎言毕竟是谎言，在一些细节上会暴露出来。问题是，这个新闻当事人生活在河南的一个县城，而县城的出租车就是人力或机动三轮车，这与北京、上海等大城市的出租车完全不是一个概念。

记者以城市的生活经验比照农村，得出了一个错误的结论。如果记者追问一下这个细节，或在发现细节的差异后有意识地观察一下，或许能够避免这个错误。

采访出现问题，跟采访对象也有密切关系，比如有的采访对象本身对事件的了解就很片面，表述时视角、用词都有强烈的个人色彩，记者轻信就会出现问题。

更值得警惕的是，还有的采访对象因为自身的顾忌、利害关系等原因，有意隐瞒某些关键信息或释放某些虚假信息，甚至是给记者布下"陷阱"，诱导记者报道其提供的"事实"或"真相"，以损害真实的形式实现自己的目的，最终受害的是署名的记者。

采访对象的心理状态，和他们在新闻事件中的角色密切相关，也和他们的职业、受教育程度、生活经历有很大关系。甚至，采访时的环境、在场人员也会影响被采访者真实意愿的表达。

调查性报道的对象，是涉及公共利益的事件，采访对象大致可以分为三类：倾诉型、对抗型和消极配合型。

合法利益受到损害的一方，往往属于"倾诉型"。倾诉是人类的基本心理需求，也是缓解压力的办法。一些事件长期得不到解决，受害人四处奔波得不到帮助和救济，倾诉的欲望会更强烈。但是，一些受害人为了吸引媒体的关注，会制造一些新闻事件（如"少女卖身救母"等），甚至编造、虚构一些事实。

侵害他人合法权益者当然不希望被媒体关注，认为记者要来损害其既得利益，无疑属于"对抗型"。这些人的对抗方式多是阻挠采访，但也有的会精心设计一些骗局，诱导记者按照他们规划的方向采访、写作，将自己隐藏起来，将矛头引向他人。

"消极配合型"采访对象，一般处于新闻事件的边缘，虽有利害关系，但并不密切。比如，相关部门的负责人，如果记者积极推动，他们会接受采访，但希望他们能主动发声则是不现实的。

面对选择，人有趋利避害的天性。因此，无论哪种类型的采访对象，都有可能对记者只陈述于己有利的"事实"，也有可能精心设计一些"陷阱"，让记者去跳。

知道哪里有"陷阱"，陷阱反而不可怕，因为你会想方设法跳过去、绕着走。最可怕的是，面对"陷阱"我们却浑然不知，明明已经掉入"陷阱"，还以为自己的采访取得了突破。

幸好，新闻是一门实践性很强的专业，前人的经验、教训可供后来人总结和汲取。前事不忘，后事之师，后面几节让我们来看看记者面临的"陷阱"都有哪些。

第二节 你内心确认的，其实一开始就是错的

2006 年 7 月，湖南省邵阳市发生了一起"政协委员寻衅滋事被刑拘"事件，一年后发生逆转，真相揭开，原来是"警察陷害政协委员"。

当事人王惠民，系邵阳市政协委员。邵阳市政协调查后认为，此案系警方伪造证据。

2007 年 10 月，邵阳市公安局双清公安分局承认三名办案民警"弄虚作假，模仿 14 份被告知人的字迹，假造了法医结论告知书欺骗组织"。事后，三名警察及主管的分局领导罗某均被通报批评，扣发 6 个月的岗位津贴，并取消全年评优评先资格。

2007 年 12 月，邵阳市公安局局长被市人大常委会免职。

2008 年 4 月 3 日，某报发表记者张静（化名）的报道《邵阳公安被指陷害政协委员 宣传官员表态双方均有过错》，报道了这一事件。应该说，这篇报道发表时，新闻的时效性已经很差了，但报道有一个最新由头，王惠民正准备向邵阳市检察院控告该市 4 名警察，理由是伪造证据陷害自己，"他将请求以妨害司法罪追究他们的法律责任"。

不过，这篇报道引起关注还有一个新闻点：面对已经查清的事实，"邵阳市委宣传部副部长王化平对记者表示，公安办案程序确有问题，但说陷害并不公平，因为政协委员王惠民袭警的事实确实存在"。报道称，"这一来自官方的正式表态，使得事件突然间扑朔迷离"。

报道在邵阳引起很大反响，也引起了湖南省委宣传部的关注，省委宣传部领导打电话给邵阳市委宣传部副部长王化平，批评他乱发表看法。

王化平更觉得冤枉。他强烈否认接受过张静的采访，并向报社投诉。

报社通过对比录音，确认接受张静采访的不是王化平本人。

4月10日，报社刊登声明，向王致歉。声明说："有人故意冒充邵阳市委宣传部副部长王化平出面约记者采访，并刻意以王化平名义发表看法。王化平本人并未对此案发表过任何意见。本报特此对王化平先生及广大读者说明并致歉。"

对此，王化平表示满意，不再追究媒体的责任。

一场风波过去了。那么，有人假冒官员发表看法，记者为什么没有发现呢？

原来，张静是通过电话采访"王副部长"的。他回忆，采访开始时，对方在电话中确认自己是邵阳市委宣传部副部长王化平。①

电话采访是常见的采访方式，虽然记者应当尽量当面采访，但电话采访也不能完全避免。

冒名顶替者使用的158开头的手机号码，是张静从此前采访过此事的同行——北京某报记者李勇和一杂志社记者李根那里得到的。

那么，李勇、李根又是如何受骗的呢？

2008年3月21日，李勇和李根到达邵阳，采访邵阳某集团的征地问题，以及政协委员王惠民遭公安构陷一案。

王惠民向两人反映，他被公安陷害一案与某集团董事长黄某有关。

为印证王惠民的说法，3月26日，李勇和李根前往该集团采访。当时，集团副总胡平波接待了他们，并将市委宣传部副部长王化平请到了该集团。中午吃饭时，王化平也在一旁作陪。

3月27日，李勇关于王惠民案的稿子见报，很多网站转载。早上7点多，他们第一次接到了158开头的号码打来的电话。

打电话的人自称是王化平，昨天一起吃过饭，要两人去一下宣传部。但当两人赶到王化平办公室时，看到胡平波、黄某的妹妹都在里面。

话不投机，双方不欢而散。当天，两名记者离开邵阳。在此期间，他们接到

---

① 王琪:《湖南邵阳真假宣传部副部长之谜》，《民主与法制时报》2008年7月28日。

过两次上述号码打来的电话，来电者都自称是"王副部长"。

27日、28日两天的经历，让李勇和李根深信不疑：那个电话是王化平的。

出于对同行的信任，记者张静从李勇处得到"王副部长"的这个电话号码时，坚信这个号码的持有者就是王化平，随后的采访便落入了陷阱。

事后查明，158开头的手机号码户主是某集团董事长黄某，但大部分时间由胡平波使用。胡曾任隆回县副县长，2005年被判处有期徒刑三年，缓刑四年，2007年年中进入该集团工作。

这次采访的失误，诸多教训值得总结。一般来说，官员或重要人物接受采访时，不会像记者一样出示证件自证身份。除了公众人物，记者不可能认识每一个采访对象，因此，确认采访对象的身份非常重要。记者可以到受访者的办公室采访，或者当面采访前查看照片资料。虽然并不是所有采访对象都需要如此确认身份，但记者脑子中的这根弦不能松。

另一方面，记者应切记，无论多么值得信任的人提供的信息，也不能省略自行求证这一环节。内心确认的信息，也可能在传递到你手里时已经失真，需要靠其他手段和环节校正，比如，除了电话，有没有其他渠道证实对方的身份，有没有可能到其办公室当面采访？

如果实在没有其他渠道证实或证伪，记者可以选择放弃这一部分内容。或者，在报道中注明打电话的人"自称"是市委宣传部副部长王化平，这样处理可以最大限度地降低风险。

第三节　你意外得到的，也许是要努力摈弃的

某记者采写了一篇大学生下乡支教的稿子，表扬稿引来的却是官司。原来，记者采访了负责支教的老师，老师说"某民办中学由于师资严重不足，支教活动对于该校是雪中送炭"。

记者直接引用了这段话，且点出了该校的名字，但事实上，该校是在当地办得较好的一所民办中学，不存在师资不足的情况。记者的错误看似很小，但对民办学校来说生源甚至生存都受到了威胁，学校只能起诉报社求清白。

即使是一篇小稿，也要重视对采访对象叙述内容的核实。调查性报道，更应核实每一个细节。

曾任中国青年报冰点周刊副主任的卢跃刚曾告诫年轻记者："记者对谁的话都不能轻信，除非有证据支持。"

的确如此，有的人为掩盖自己的错误，会千方百计地推卸责任；而受害的弱势一方，也有可能有意或无意地略去对自己不利事件的陈述，记者前去采访时才会发现"隐情"，由此产生的误判会造成采访上的被动。

一般来说，记者对强势一方的言行容易保持警觉，但往往会对弱势一方的描述轻易相信。如果弱势一方故意撒谎，记者从未想到这里会埋藏陷阱，更不会想到要去质疑、去求证，把谎言当成重要信息，就会成为别人手里的工具。

2010年6月1日上午，湖南省永州市零陵区法院发生枪击事件，零陵区邮政分局职工兼保安队长朱军，用一支微型冲锋枪、两支手枪进行扫射，当场造成3名法官死亡、3名法官受伤。随后，朱军举枪自杀。

案发后，大批记者赶赴永州采访。朱军的基本情况、杀人动机等是社会关注的热点。对记者来说，首要的任务是如何在最短时间内采访到了解凶手的人，尽

可能搞清楚朱军为什么要杀法官。

枪击案发生后两天，很多记者齐聚永州，但官方调查尚未有结论，相关部门三缄其口，采访进行得并不顺利。

很多记者来到零陵区法院门口，希望能有所突破。这时，当地一个叫唐慧的女子主动找到记者，称她知道朱军为什么杀法官。闻听此言，很多记者非常兴奋，采访终于有突破了。有的记者赶紧给不在场的同行打电话，和他们共享这个好消息。

记者们被带到离法院不远处的一个地方。当着大家的面，唐慧讲述了她跟朱军的故事，她称朱军是自己女儿乐乐的干爹，还讲述了一些细节，包括朱军给乐乐买玩具，乐乐失踪后帮忙寻找，还帮她写上访材料，支持她告警察，嘱咐她不要胆小怕事，"自己的事情自己维护"等。

那么，朱军杀法官和乐乐有什么关系呢？

2006年，年仅11岁的乐乐被强迫卖淫，3个月时间内，这个小女孩被迫接客100多次，其间还多次挨打，后被唐慧解救。2008年6月6日，永州市中级人民法院一审判处两人死刑、两人无期徒刑，还有人分别被判处有期徒刑16年、15年。

朱军案发生时，正是乐乐案即将在永州市中级人民法院第四次开庭审理。

唐慧告诉记者，朱军是为了乐乐的事情枪杀法官。

突发新闻的报道，往往类似拼图游戏：记者把各种信息有机组合在一起，找出内在逻辑，用尽可能多的信息向读者呈现某一事件或新闻当事人的面貌。

如果唐慧所述是真的，当然是很好的素材，而且这些细节背后还有很多可以挖掘的东西。

可惜，唐慧是在撒谎，有的记者把这些谎言当成"事实"写进了新闻报道。

2010年12月30日，《新民周刊》刊发《11岁少女被逼卖淫案 警察阻家属上访》，报道称："事实有时就是如此巧合：2010年6月的永州枪击案就发生在零陵区法院（当时在法院庭审过程中，发生严重枪击事件，一当事人持枪扫射，导致 3 名法官当场死亡，3 名受伤，嫌凶当场自杀，编者注），而最后自杀的开枪者朱军正是乐乐的干爹。"

随着媒体对这是"巧合"的报道，乐乐案进入公众视野。但令人遗憾的是，这个巧合及其背后的故事是假的。

事实上，并不是所有听到唐慧讲述这个故事的记者都掉入了陷阱。

比如，民主与法制报社记者廖隆章听唐慧讲了和朱军的关系后，自己"跟打了鸡血一样"，立刻把唐慧从四五个拎着材料袋的访民中拉出来，带到一个人少的角落采访，想抢一个"独家"新闻。①

"结果一问三不知，我才知道她说的是假话。"

大河报记者朱长振也对唐慧的描述有所怀疑。为了证实自己的判断，他从手机里翻出朱军照片给唐慧看，发现对方竟认不出来，于是断定唐慧撒谎。朱军的照片是他在邮储银行零陵区支行张贴的职工照片上翻拍的，当他对唐慧有所怀疑时，这张照片成了验证真伪的重要物证。

那么，朱军行凶的真实动机是什么呢？

据当地公安部门调查，凶手朱军，时年 46 岁，2006 年因房屋买卖纠纷诉至零陵区人民法院，零陵区法院判决朱军胜诉，并由对方继续履行合同支付违约金 2 万元，8 个月后由法院执行到位。但朱军认为执行时间拖延太长，且滞纳金和房产证未执行到位，加之 2003 年与妻子协议离婚，2006 年身患鼻咽癌，案发前诊断为晚期，由此产生怨恨、报复心理和轻生厌世念头。6 月 1 日上午，朱军以验枪为由，通过该行枪库管理员骗取一支微型冲锋枪、两支手枪和子弹，酿成了 3 死 3 伤的恶性案件。

记者采访要尽量避免心理预设。所谓心理预设，是个体对人或事的看法在其言行中的表现，这种心理活动普遍存在却又因人而异。对记者来说，心理预设就是你在采访前总是会先按照以往的经验、环境、条件，预先设定自己对特定对象

---

① 柴会群、邵克：《什么造就了唐慧》，《南方周末》2013 年 8 月 1 日。

的心态，而这种心态又会体现在采访的方法、目标和行动上。

心理预设很容易变成立场预设。比如，一名倒地老人和一名年轻路人发生争执，人们第一反应往往是老人故意摔倒，讹诈年轻人。一名宝马车主发生交通事故，围观者多数会指责宝马车主。

具体到唐慧的行为，她的女儿被侵害，遭遇让人同情，人们很难怀疑她的陈述的真实性。所以，当她说"女儿遭遇不幸，干爹出于义愤枪杀法官"时，听众认为这个逻辑是合理的，当然也就是可信的了。

谎言毕竟是谎言。仔细分析唐慧的话，我们会发现其中的破绽：即使朱军真的是乐乐的干爹，他出于对乐乐的同情憎恨法官，但再憎恨也不至于为了一个没有血缘关系的人杀人吧？

越是你急于找到线人，挖掘内幕的时候，越要对遇到的人或事保持警惕，多问自己：他说的是真的吗，有证据吗，这么轻易得到真相正常吗？

时刻保持谨慎的怀疑，有助于记者保持头脑清醒，防止落入别人挖好的陷阱。

第四节　戴着面具的线人

一名村民向媒体爆料，说他的奶奶 128 岁，希望记者能来采访报道。记者觉得这是个好线索，决定前往采访。老人的户口本清清楚楚地写着：黎某某，女，1887 年 9 月 3 日生。可是一些问题引起记者的警觉：爆料人是百岁老太太的孙子，可是才 20 多岁；从老人的精神状态和面容上看，似乎也没有这么大年龄。

记者悄悄向村里老人求证，并查阅镇派出所的户籍档案，证实是派出所的户口记录出了错，老太太的实际年龄是 83 岁。后来，老人的孙子承认，他希望记者帮助他为奶奶申请民政补助，因为他听说百岁老人可以享受这种政策。

这是一个线人爆假料被戳穿的例子，还有一些案例，由于伪装较深难以识破，堂而皇之地成了新闻。

2012 年 11 月 6 日，某报刊发《60 年未解的世界数学难题，"90 后"的他破解了》的报道，声称"韶关学院大四学生王骁威在 6 个月的时间里，独自成功论证了世界数学界自 20 世纪提出的一个著名猜想——'仅用 1 表示数问题中的素数猜想'的不成立性。在屡经一些相关杂志退稿、学者漠视后，他的论文成功被国际著名的《数论杂志》选定"。

2012 年 11 月 11 日，该报再次刊发《大四生破数学难题　国际知名期刊发表》：王骁威的论文被数论期刊《数论杂志》（*Journal of Number Theory*）上 SCI 收录。王骁威在接受采访时称，知名华裔数学家丘成桐曾与他就这篇论文进行过邮件交流，对他表示了肯定。

11 月 16 日，另一家跟进报道说王骁威的论文"否定了数论界多年未解的猜想"。

然而，质疑声随之而来。专家举例称，王骁威破解的并非一个"世界数学难题",而且他的论文也并没有破解这一问题。

针对"知名华裔数学家丘成桐曾与王骁威就这篇论文进行过邮件交流,对他表示了肯定"的说法,中国青年报记者向丘求证,得到的答复是:丘成桐称他确实不认识王骁威,也没有跟他有过任何交流。"有可能是媒体在报道时,把我弟弟丘成栋混淆成我了,他也是清华大学数学系的教授。"

丘成栋向中国青年报记者证实,他确实收到过王骁威的邮件,但他明确表示,王骁威的这个成果"并不是什么大成果,是个很小的东西,比较初等,不需要用到很高等的数学知识"。"我以前指导过几个中学生,他们做出的东西都比王骁威的更好、更深刻。"他还强调说,王骁威破解的这个问题,"有一定的趣味性,但是离现代数学还差很远。"

2012年11月23日,中国青年报刊发了《媒体制造的"数学天才"神话》,报道了这一事件的来龙去脉。

值得注意的是,采访中,中国青年报记者通过QQ与王骁威联系,未果。出于好奇,记者通过王的QQ检索,意外发现王用QQ注册的名字在南方都市报奥一网论坛爆料,称韶关学院有个大四的学生解决了世界级数学难题,你们应该去采访云云。

也就是说,当事人自己爆料,将事件定性。记者采访前就已经先入为主,采访时未尽到核实义务,自然被采访对象牵着鼻子走,失去了质疑的能力。

当然,防止虚假新闻,记者还应摒弃"敌人的敌人即朋友"的想法。有时,某一事件的突破口,可能是采访对象的对立面,当记者要求出示证据或证人时,对立面会推荐其他人。这时,记者应注意,有可能被推荐的人和推荐人持有相同或相近的立场,这些立场看似有多个信源支持,但其实是同一个信源,或者是同一类信源,由此得出的结论自然是片面或错误的。

第五节　美人赠你蒙汗药

希腊神话中有一个塞浦路斯国王,叫皮格马利翁(Pygmalion),擅长雕刻。他不喜欢塞浦路斯的凡间女子,自己刻了一座少女像,向神乞求让她成为自己的妻子。爱神阿芙洛狄忒被他打动,赐予雕像生命,并让他们结为夫妻。

由此,心理学有一个皮格马利翁效应:你期望什么,你就会得到什么。你期待什么,就会发现什么。当你对某一事物的期待过于强烈时,潜意识会诱导你进行你想要达到目标或者是结果的前期行为,从而忽略其他影响因素。

心理学者认为,人容易混淆"事实和推断",尤其是当我们期望发生某些情况,对推断的确信程度很高时,或者某种推断对我们有利时。

C是一名财经记者,曾采写关于某公司关联交易的报道。2010年7月,C被该公司所在地的公安局以"涉嫌损害公司商业信誉罪"网上追逃。事件披露后舆论哗然,7月29日,上一级公安局责令县公安局依法撤销对C刑事拘留的决定,并要求县公安局向其道歉。

事件平息后,有人质疑C报道某公司是收了其竞争对手的钱财。C则强硬表态,如有证据证明自己收钱,愿一死以谢天下。

2013年11月1日,前记者L发微博,征集C等人的违法犯罪线索,并公布了邮箱。

当天,L的邮箱就收到了一封举报信。随后,L在微博上公布了举报信并认为属实。

其实,这封举报信是C和朋友一起策划的,甚至是C亲自写的。

11月2日,C一方公布与L的谈话记录和举报信全文,挖苦L的智商并认为他不具备当调查记者的资格。

11月3日，L发文认输。

我们无法还原L看到举报信时的心理活动，但很显然，查看邮箱时，他应该很期待收到举报C的材料，当这些材料出现时，他更愿意相信是真实可信的，强烈的意愿影响到他的专业判断，对一些貌似言之凿凿、实则漏洞百出的描述产生了信任。

实际上，当记者极力探寻某一真相却无任何突破时，内心是渴望有知情人站出来说："我知道，这个事情是这样的……"

如果仅仅是"知情人"说，或许记者还会想到去进一步求证，但如果"知情人"主动给你提供文字性材料，你是不是会认定这肯定是真的？

应当记住，预设的立场、固有的偏见，都会造成选择性关注，而且关注的恰恰是你愿意相信的那部分。也正是因此需要高度警惕，你得到的也许正是别人布下的陷阱。

突破肯定会带来欣喜，但欣喜之后要冷静思考：这是我需要的吗，这是真的吗，我怎么验证它的真假虚实？

后记：真相永远是稀缺品

2013年10月14日，有网友微博爆料，浙江余姚某镇一名干部下乡视察水灾，因穿高档鞋子，迫不得已由年近六旬的村书记将其背进灾民家里。

此事经媒体报道后舆论哗然，这名干部迅速被免职。但记者实地采访时，这名干部认为自己很冤枉，周围的人也为他叫屈。因为，村支书跟他很熟，背他涉水是自然而然的事，高档鞋子、迫不得已等描述纯属子虚乌有。

类似的新闻还有很多，今天这样说，明天那样说，后天又变回来了。新闻变成连续剧，剧情不断反转，都说是事实，受众却不知道哪个是真相。

有人说，今天的中国，思想、观点看似繁荣，真相却成了稀缺品。

新闻报道不是应该提供真相吗，记者不是应该报道事实吗？当然是。

人民日报社社长杨振武在《求证 用事实粉碎谣言——人民日报这样调查真相》一书的序言中说："只要坚持对现场、证据和原则不懈追求，坚持独立、公正、客观的立场，坚持不回避敏感事件，不轻信个别'专家'之言，多信源采访，拿一手证据，就能'阻击谣言、伸张正义、提倡科学、击破谬误、净化环境、健康社会'。"

这一论述堪称金玉良言。但知易行难，对公众来说，眼见未必为实，耳听更加为虚。对记者来说，开掘真相，既要有锲而不舍的精神，还要有拨云见日的能力，甚至还要有好得自己都怀疑的好运气。哪个方面有欠缺，报道要么"难产"，要么写出来也会有"先天残疾"。

新闻有学还是无学，大概是一个可以永远争论下去的话题。我个人赞同梁衡先生的观点：新闻有学，学在有无中。新闻是一门实践性很强的学科，学新闻如同练武，想成为侠客、剑客，要有名师的传授，更要自身有悟性，还要有冬练三九、夏练三伏的狠劲儿。

我本科是学教育的，毕业后学了两年新闻，到现在当记者、编辑有 18 年了。基于自身的工作和日常见闻，包括带实习生的体会，觉得应该写一本书，一本能够对有志于从事新闻工作的人有用的书。

2013 年 4 月的一天，特别报道部 7 个编辑记者和几个实习生聚在四楼会议室开会。

和往常一样，会开着开着就跑题了：我和同事叶铁桥兴致勃勃地商量，要写一本书，不要那么多理论，把新闻生产的全过程拆成一个一个环节，从找线索、采访准备、收集背景资料开始，一直到问题设计、写稿、编稿，一个环节写一章，看完这本书，你就知道新闻怎么写，调查性报道是怎么出来的。

我们着实为自己的伟大畅想激动了好久，以至于主任多次拉回正题都没拉动。

巧的是不久的一天上午，我就接到了人民日报出版社编辑张炜煜的约稿电话，原来他也有意出版这样一部著作。

有统计说，我国新闻类专业在校生有 23 万余人，国内 1080 所大学设新闻与传播类七个本科专业：其中，307 所大学设有新闻专业，225 所设有广播电视专业，365 所设有广告学，55 所设有传播学，80 所设有编辑出版。

新闻专业大概是最好设立、最好招生的专业了——找几位老师、找一间教室，摆上桌椅板凳，就可以开课了。教采访的老师从来没写过稿子，教评论的老师从来没写过评论，这确实是相当数量学校的新闻专业现状。

我一直认为，新闻是有规律的，学界的研究很多是有价值的；同时，业界的经验和教训是非常宝贵的，作为一门实践性非常强的学科，新闻要在实战中积累经验，纸上谈兵肯定是不行的。因此，业界、学界应相互学习和借鉴——学界为业界提供智力支持，答疑解惑，指引方向；业界要为学界提供新鲜的案例和思考，促进学界生产高质量的思想成果。

对于新闻专业的学生来说，跟着老师学理论固然重要，但显然不能把大量时间用在理论学习上，当然，硕士研究生、博士研究生不在此列。即使课堂学习，也应紧贴实战，多研究案例，分析总结典型报道的成败得失。

在我的阅读记忆里，新闻学的书能让人读进去的并不多，我认为非常浅显的道理，作者可能会写上两三页，而想深入了解的却被寥寥几笔带过。究其原因，是理论阐述多，实战经验少。

美国等国家的一些学者关于调查性报道的书籍不少，对我们的启发也很大。但不容否认的是，即使讨论同一问题，中外语境也会有巨大差别，由此给出的操作方法，有的并不符合中国的实际。比如，1966年，美国颁布了《信息自由法》，记者可据此查阅绝大多数的政府记录和档案。但在中国，这种做法很多时候并不可行。以查阅工商档案资料为例，以前记者凭身份证就可以查询，后来只有律师可以查，再后来律师要拿立案证明，现在，律师帮助记者查询工商档案可能已经涉嫌"非法获取公民个人信息罪"了。再如，美国媒体的调查性报道，一般由一名资深记者作为团队核心，多名记者参与采访。在中国，团队作战的方式并不是主流，记者个人的突破能力、资源整合能力更显重要。

有没有一种可能，写一本纯粹实战的书，告诉读者，在中国的现实环境中，新闻是这样采访和写作的，要注意哪些事项，作者直戳问题，读者看到的是一个个活生生的案例。

这是本书努力的方向，如果能够达到这一预期，应该算一个特色吧。

应该说，今天的媒体，正在经历一场大的变革。作为调查性报道的重镇，纸媒面临前所未有的挑战，不断有报纸停办的消息，不断有优秀记者离开这个行业的消息。这些消息是好是坏，很难说清楚。

有人说，调查性报道的黄金时期已经过去了。

但我并不十分悲观。如果说，过去10年，调查性报道经历了它的辉煌，现在走向暂时的低潮也是正常的。有哪一个行业是常青树呢？况且，调查性报道只是众多报道种类中的一个，并非人人都需要，更不是人人都喜欢。

不过，低潮时回顾过去，梳理一些问题，正可以为未来发力做一些准备。毕竟，不论现在还是未来，公众都需要严肃的关乎公共利益的深度报道。在口水乱飞的时候，人们更迫切地需要真相。而真相，需要受过专业训练的人以严肃认真的态度去开掘和呈现。

工作至今，我很长一段时间从事调查性报道，更加认识到"热爱"的重要性。如今做记者，需要有强大的内心，才能平心静气地坚持下来。某些时刻，再努力一下就能取得突破、获得成功，但是否有动力去"再努力"，不是外在的压力，而是内心的热爱。

调查性报道不仅是一个专业，也是一项技能，并非所有记者都有兴趣或能力胜任。有人说，中国坚持在一线的调查记者不会超过100人。身在其中，看这个队伍的人来人往，难免会有"江湖侠骨恐无多"的感慨。

当然，江山代有才人出。只是一个行业不能吸引优秀人才、也难以留住优秀人才，终归是一件令人忧心的事。

调查性报道，要求记者有较高的综合素质，社会阅历、经验积累非常重要，这不仅关系到某一次采访能否成功，更重要的是决定着记者对复杂事件能否有准确全面的认识。非常可惜的是，随着新闻行业生态的变化，越来越多的年轻记者离开了这个行业，被更为年轻的记者补充。干了两三年就成为资深记者，写了四五篇稿子就想着改行，这种状态显然不利于整个行业的发展。

新闻是吃青春饭的，但从另外的角度看，新闻更需要经验的积累和传承。在一个领域浸淫久了，自然会有一些经验、教训，写下来，既是对自己的交代，也可以为他人提供借鉴。特别是对热爱新闻的学生，他们可以借鉴这些生动鲜活的案例，避免再走弯路。

实际上，新闻这个行业，最丰富的是各种经验和方法，最缺乏的是常识和规则。有些常识和规则，需要内化于心，才能用于指导行动。否则，在具体事件面前，你很容易变成自己反对的人。

古人说，鸳鸯绣了从教看，莫将金针度与人。其实，把自己经历的教训、积累的经验、习得的常识和了解的规则告诉别人，本身就是一种责任。

以前读别人的书，看到作者对责任编辑表示感谢，总以为这是客套话，自己写书时才体会到，这些感谢是发自肺腑的。我衷心认为，如果没有本书责编张炜煜两年多来的耐心、督促，这本书不知道会不会和读者见面。真诚感谢他的认真负责，以及对我的宽容、理解。

同行的采访实践是宝贵的财富。本书收录了很多采访案例，多数注明了出处，在此谨致感谢。

此外，还要感谢霍仟和陆遥为本书提供的帮助。

最后，真心希望有更多人加入到调查性报道记者的队伍中来，这个职业不会让你发财，但会让你体会到比腰缠万贯更大的成就感，逼近真相的过程充满快乐。

也希望这本书能给读者一些收获，也许你会因此喜欢上记者这个行业；也许你不想从事新闻工作，没关系，如果你读完这本书，认为记者这份工作很辛苦，值得为他们提供力所能及的帮助，或者做一个站在路边鼓掌的人，我已经很满足了。

刘万永

2015 年 2 月于北京

附　录

讲好故事的两个要素

德国心理学家赫尔曼·艾宾浩斯以研究记忆闻名。他曾做过一项研究，识记拜伦的《唐璜》一诗中的节段，每一段有80个音节，他读9次能记住一段；作为对比，他试图识记80个无意义音节，发现重复80次才能记住。结论是，无意义材料学习的难度比有意义材料的学习难度高9倍。

一篇新闻报道当然不是无意义文字的堆积，但如果不讲求文本、逻辑、语句、用词等存在问题，不仅影响受众的阅读兴趣，也决定着报道的传播效果。

什么是好报道？很难说有一个统一的标准，但如果从形式和内容上予以界定，应该会得到多数人的认可。

喜爱古诗的人知道，唐宋诗歌能流传至今，重要的一点是押韵，读起来朗朗上口，便于记忆。新闻报道当然不能追求押韵，但形式上的美感还是应该做到的。

短句、短段很重要。无论是在电子介质上阅读，还是看报纸杂志，长长的文字总会给人压迫感。作者应明白一个道理，读者看报道不是来故意磨炼自己的，即使读严肃的报道，大家也希望能轻松地获取一些信息。一个优秀的记者，心中会有一个具体的读者，写下每一行文字时都要问自己，这个人喜欢看这些文字吗？因此，报道应把长句拆成短句，三句表达一个意思，读者会有赏心悦目之感。一个段落不要太长，百字以内最为适宜。如果段落之间再有密切的递进关系，引起读者的阅读兴趣，那就更好了。

《〈华尔街日报〉是如何讲故事的》称其为"货运火车式句型"。扩展到整篇报道也是如此，如果把一篇报道比作火车，好的报道应该是高铁：车厢内的座位不要太多（短句），每节车厢都很短（短段），车厢间不需冗长的链接（简捷的过渡），铁轨通畅（作者、读者的思路一致，但作者的思维要超前于读者，读者想知道的是下一段要说明的，即作者要成为读者的向导）。

内容方面，好的报道应该有情境、有细节。

如上所述，唐诗宋词流传至今，不仅仅是朗朗上口便于记忆，更因其意境高远、富有哲理。调查性报道大多叙事，讲故事当然需要宏观背景、演进脉络，但情境和细节是血肉，有血有肉，形象才会丰满，也便于读者理解。

情境和细节来源于记者的采访。对多数调查性报道来说，之所以不能像非虚构写作那样生动，和不能取得证据有关。比如，一个重要事件只有两名对立的当事人，一人向记者讲述了经过，另一人否认或不予置评，能不能写进报道？相信很多记者会放弃，至少不会将其看作"事实"描述。

具有典型意义的细节最容易被读者记住。写事离不开人，一个人的行为和语言构成它的性格。记者不要跳出来给人物贴标签，如"这个感动中国的好人"等，你要使用人物自己表现出来的行为和语言。因此，记者采访时要调动各种感官，感受采访对象的行为、表情、衣着等富有个性色彩的细节。

事件中的细节也值得关注。越是超出人们认知范围的细节，越能给人深刻印象。比如关于国家能源局煤炭司副司长魏鹏远被有关部门带走调查的报道说，"据多方证实，魏鹏远被带走时，家中发现上亿现金，执法人员从北京一家银行的分行调去16台点钞机清点，当场烧坏了4台"。

用点钞机清点个人钱款，且烧坏了4台，足见数额之巨大。若干年后，读者可能记不住魏鹏远是谁，但烧坏4台点钞机这一细节会深深印在脑海。

纽约时报记者里克·布拉格曾获得普利策新闻奖，他的报道能够非常好地使用细节。在他刚入行时，一位资深主编告诉他："优秀新闻写作的基本原则是：要展现，不要讲述。给我你所看到的一切，用文字描绘一幅画面，然后我就可以跟随你的脚步。"①

"场景还原"是写作的一个方法。记者是记录新闻事件的人，但对读者来说，记者是他们派到新闻现场的眼睛，当然希望通过记者的文字描述看到一幅幅生动鲜活的画面。当事人向记者讲述某一事件，记者将第一人称转换为第三人称，描述出当时的场景，给人一种身临其境的感觉。

南方周末记者刘长 2013 年 3 月的报道《"司长"驾临》这样开头：

他满面微笑地走上台，略一欠身。台下掌声雷动。

"首先，我代表国务院研究室，对昆明这次年会的召开，表示热烈的祝贺！"他说。又是一片掌声。

这是 2012 年 11 月在云南昆明的"收获金秋"投资昆明年会上，时年 57 岁的沈阳人赵锡永，走到了其人生的顶峰：他随和、睿智，频繁下基层调研，他以正厅级甚至副部级干部的身份出席国内各种活动，接受企业和地方政府的礼遇，与地方要员谈笑风生。

他对汽车行业发展情况如数家珍，对国务院的各项政策了如指掌，他能为地方政府拉来投资项目，也能为企业发展提供建议。他行为低调，讲话风趣，偶尔抖搂一些他与国家领导人的交往细节，但适可而止。

如果不是 2013 年 3 月 8 日国务院研究室下发文件，证实这名叫赵锡永的男子在冒充国务院研究室司长、"副部级巡视员"，赵锡永"调研"中国的行程或将继续。

"场景还原"最大的敌人是记者的合理想象。听人转述毕竟不是亲历，当事人立场、主观选择等都会导致信息的衰减和偏差，采访不到位也会带来场景的空

---

① 张寒：《新闻手工业者说》，《新京报传媒研究》第 1 卷。

白点。当记者试图用合理想象填补这些空白或纠正偏差时,也许会发生事实性错误。弥补的办法是,采访时尽可能穷尽细节问题,尽可能多采访亲历者,用多角度观察贴近当时的现场。

以下面的报道为例:

> 时值1979年,5月16日。天上月细如丝,在中国外岛的金门,26岁的陆军上尉溜离岗位,来到岸边。他行动时尽可能安静,爬过矮树丛来到俯临海岸的突堤。若是他的计划被识破,他就会蒙羞乃至被处决。

这是一篇长篇报道的开头部分,采用现场还原的手法,让读者仿佛看到了1979年5月16日新闻主角的行动。但是,这些生动的描述在细节上出现了错误。

查询可知,1979年5月16日为农历四月廿一。从月相上来说,农历十五左右为满月,再过一周左右,即农历廿二起为下弦月,廿一的月亮不可能"月细如丝"。

虽然月亮"细如丝"或"圆如盘"并不影响报道的主要事实,但记者还是应该尽量保证每一个文字的真实准确,因为读者掌握的知识各不相同,兴趣点会有差异,总会有聪明而认真的读者在普遍忽略的文字中看出错误,进而影响他对报道真实性的判断。

特稿《火车惊魂记(乘客版)》的写法可资借鉴。

> T70次开出乌鲁木齐,天正下着雨,并夹着雪珠。不到两小时,过了达坂城,到天山山口时,顾革命看到窗外起了沙尘暴,风扬起了沙土。他曾在新疆待过18年,这在戈壁滩上是家常便饭,"已经习以为常,麻痹了。"
>
> 在到新疆旅游的乘客穆晓光记忆中,T70次开出乌鲁木齐后半小时左右,窗外即漫天黄沙,偶尔掠过一两户人家。
>
> "跟北京的沙尘暴差不多,没什么大不了。"这位22岁的北京小伙子说。

车在吐鲁番站停靠时,他若无其事地在站台买了一支蒙牛三色冰淇淋。

《上海乌龙剿匪记》是一篇很好的调查性报道。相对来说,这篇报道的采访难度并不是很大,但表现了作者的勇气。更出色的是,报道语言生动,画面感很强。

803是上海刑事警察总队的代称,因位于中山北一路803号而得名。这个简称在上海本地居民中几乎家喻户晓。

2009年5月下旬,上海市公安局虹口分局侦破了一起盗窃案,涉及一个盗窃团伙。作为上海警方开展"迎世博、保平安"打击整治攻坚战的一部分,2009年8月4日凌晨,上海市公安局调集包括"刑侦总队、特警总队、公安高等专科学校、虹口分局、闵行分局等五家单位共计600余名警力成立联合行动组,最终于8月4日凌晨将该犯罪团伙一网打尽"。这次行动被称为上海警方近十年来规模最大的一次抓捕行动。

据上海公安网当晚发布的消息,此番行动最后共抓获65人。而南都周刊记者调查发现,包括上述三家在内,仅银都路2688弄一处抓捕点,当天至少有6处房间被错破门而入,30人被惊扰,其中12人被错拷,8人被带走后放回。

各路媒体报道了此次抓捕行动,但没人向被错抓的人员道歉。

在此番抓捕行动当晚10点43分,谢青松的房东王先生在爱卡网上海分会社区发布了第一条帖子,指称警方"破错门,打错人,还好意思上电视再邀功!"王在帖子里公布了自己与谢青松等三人的手机和姓名,表示对帖子内容"负法律责任"。

这条名为《今日警方特大行动——658名警察抓获65名罪犯的真实情况!》帖子迅即引起巨大关注,截至被删除前,一两天内跟帖分页达62页之巨。

时任南都周刊主笔石扉客从这个帖子入手,深入采访了这一乌龙事件的幕后。

一篇调查性报道,做到逻辑清晰、证据扎实并不一定很难,难的是有大量鲜活的细节让稿子生动起来。

《上海乌龙剿匪记》是一篇画面感非常强的调查性报道:

只见一道黑影掠过,背上被结结实实抽了一记,陈峰完全蒙了。从《新民晚报》当天刊登的现场照片上可以看到,上身赤裸的陈,双手抱头,蹲在办公室格子间里,三个全副武装的特警在周围紧密控制着他。

陈刚听到了李本传喊救命,刚从床上跳起来,门就被踢开,挨了一警棍后,也被铐起来。他伸出双手,让记者看被拷的伤痕,然后缩回手揉自己肚皮上的一道青痕,说是被警棍捣的。

一些细节至今让人难忘:

加上孔凡清和张小峰,四个男人都被铐起来了。一个全副武装的警察随手打开冰箱,拿出一瓶王老吉喝起来。

这篇报道影响之大,以至于王老吉的人找到南都周刊广州总部,商谈广告投放。以下为石扉客写的关于《乌龙山剿匪记》一文面世经过。

传播扳机选择与风险规避技术

——以《上海乌龙剿匪记》报道为例

石扉客

在我看来,调查性报道最重要的问题在三个方面,一是对方向和材料的判断与甄别,二是突破与拿料,三是文本写作。

其中最难的自然是第一点,这也是优秀的记者区别于普通记者,编辑区别于记者,主编区别于编辑的最重要所在。第二点,突破与拿料是硬功夫,和记者的综合素质以及储备的资源有极大关系,也和运气有关。在第三点文本写作方面,我理解主要是为传播服务,优美的文本能最大限度地帮助传播,时机凑巧的话,甚至能达到一纸风行洛阳纸贵的效果。

在调查性报道的采写中，在上述三个方面里，如何选择传播点，找到并扣动最有效的传播扳机，是本文要谈的第一个部分。

这个选题给你的兴奋点是什么，这是记者拿到选题后首先要琢磨的地方。操作《上海乌龙剿匪记》时，看到上海本埠媒体的宣传式报道时，我的第一感觉是这个选题的价值在于反思媒体劣质报道与警务粗暴执法的合谋，这个点见我操作报道前发表在《南方都市报》上的时评《警务报道中的反法治倾向》（见附件3）。

稍后在爱卡社区看到苦主爆料后，我联系当事人，初步接触了解情况，发现人物和细节远比前述价值判断要丰富与精彩，也就是说传播点从价值判断已经落实到人文关怀了。如是设定这篇报道以调查性报道的方式操作，以特稿的方式呈现，即调查性报道的特稿写作。

在传播点上，首先是文本想象。我的习惯是在从事调查性报道的特稿写作时，首先要尽量寻找一个可供依赖的意象。做《一张照片引发的政治事故》时，我寻找的写作意象是契诃夫的经典小说《小公务员之死》。做《上海乌龙剿匪记》这篇稿子时，意象与之仿佛，即小人物的卑微与悲酸。

在设定采访对象时，我试图给出一个阶层横截面，选取了一对大学生夫妻，一个安徽来沪的小企业主家庭，一个江西吉安籍来沪的打工仔群体为标本，以一个扇形在篇首铺开，这个典型的倒金字塔叙事模式，通过粗暴警权前的阶层命运展示，抓住了第一个传播点。

第二个传播点是发掘可堪承载的细节。我预设的三个可能成为传播点的细节是：被错抓的小企业主说听说特警可以合法打人；被殴打的发廊洗头工放回来后，主管安慰说这也是人生一课，我们这些下人只能认命；被偷喝王老吉的主妇咒骂。

最后真正成为传播扳机点的，是王老吉这个细节。琢磨下来，估计和这个特定细节的黑色幽默成分有关，包括主妇的憨实，饮料的品称，情节的讽刺等。之后网络上出现的大量转发、评论都在围绕这个扳机点展开。

传播方面，还需说一下标题。《上海乌龙剿匪记》这个标题的制作，直接利用了《乌龙山剿匪记》这个耳熟能详的传播基站的放大作用，收到了非常好的传播效果。报道出来后，不少网友自发拍制类似视频，甚至开发智取王老吉的游戏。

接下来说风险规避技术，这本是调查性报道的基本功。指向警权的调查性报道，尤为重视这套技术的运用。

操作这篇稿子的时候，首先要解决的是报道平衡与采访安全问题。

业内人士都知道，与强力机关有关的采访，总会碰到两难问题，不采访对方即报道不平衡，采访对方即很容易导致报道流产。我的惯用做法是，在前期采访中始终遵循"从下到上，自外而内，从民到官"的十二字方针，轻易不惊动强力机关本身。等到采访全部完成时，在文本写作中留出待填空的"气眼"，然后在付印前最后一天的中午，将需要采访的问题以传真的方式发给对方采访函。

这种做法的好处是比较正式，同时留给对方的公关时间不多。另外一个好处是可以敲山震虎，传递出其他意思。

最后这个意思，必须和另外一种留有余地的报道策略联系起来，即拿到十分料，报道七分，留三分存粮作为自保和反击的武器。《上海乌龙剿匪记》这篇，外界所不知道的是，我拿到的更具杀伤力的内容，并未在报道中呈现出来。

这种在采访函中传递给对方的震慑力，对报道与记者的安全非常重要。从附件1和附件2的采访函与对方回函中可以看到。

除了常规的失实指控与处分记者之外，还需提防一些针对记者本人的下三烂伎俩。这种伎俩，防无所防。唯一的办法就是亮明立场，提前说破，公开挤对住对方。

在《说出心中的恐惧来》这篇手记里，我公开说出我的担心和恐惧：

> 我没有理由不害怕。我害怕我没有绿标的车被选择性执法；我害怕哪天走在街上有流氓团伙的混混突然找碴儿打我一顿；我更害怕盗窃团伙的线人半夜到我家里骚扰一番，惊扰我五岁女儿快乐的美梦；我还害怕头破血流、狼狈不堪地报警、录口供，之后陷入破案遥遥无期、身心俱疲的漫长等待。我想我一定会有强烈的挫败感。

我也试图释放善意，说明我做报道的立场与目标，即监督警权，彰其善者，鞭挞其恶者。在这篇手记里，我援引了此前一份我从没公开过的信件（见附件4）。

一个残酷的现实是，做这类稿子，无论你如何规避风险，如何周密防范，麻烦总是无穷无尽。你唯一能做的，就是始终保证自己的彻底干净，哪怕是男记者最容易出麻烦的私生活。

附件1. 南都周刊采访函
附件2. 上海市公安局回函
附件3. 南都时评《警务报道中的反法治倾向》
附件4.《给上海公安网局长信箱的一封信》

附件1. 南都周刊采访函

上海市公安局新闻科：

对8月4日上海市局组织的658名警察围捕65名犯罪嫌疑人的特大抓捕行动，我们接到群众投诉，特与贵科联系，以下问题敬请贵局核实：

1. 该次行动中抓捕失误、破错门抓错人的现象一共有多少例？是否包含在上述65名嫌犯之列？

2. 据群众投诉，8月4日当晚在银都路2688弄小区的抓捕情况，如下表所述内容是否属实，请核实（表格见传真附件）。

3. 当晚住银都路2688弄20号楼1301室的陈峰先生，当晚被抓捕但被当场释放。据称该人2005年年底在普陀区曾有盗窃前科，公安机关当时对该前科的处理结果是什么？请问和这次抓捕是否有直接联系？本刊获悉在处理该前科时，陈峰曾从普陀分局某派出所跳楼摔伤，这一情节是否属实？

4. 群众诉称，贵局实施该抓捕行动时，有媒体随警出动采访，并将无辜者作为嫌疑人报道出来。请问贵局在何时获知此抓捕失误的情况？在获知该情况后，媒体报道前,为何没有及时通报媒体更正?

5. 贵局此次抓捕行动中出现部分失误的主要原因是什么?对此次行动中被错抓错破门的无辜群众是如何善后的?最新进展情况如何?

以上问题敬请核实并及时答复,十分感谢贵局对新闻单位工作的协助!

此致

敬礼

南都周刊杂志社

联系人:沈先生

电话 189********

2009 年 8 月 11 日

附件2. 上海市公安局回函

南都周刊:

首先,感谢贵刊对上海公安工作的关心和支持,对公安执法工作的关注和监督。今年以来,为了营造良好的社会治安秩序,本市各级公安机关积极开展以"迎世博、保平安"为主旨的打击整治攻坚战,取得了良好的社会效果,得到了广大市民的拥护和支持。

其次,就来函中涉及的问题作如下答复:

8月4日,我局开展了一次集中抓捕和整治行动,涉及本市闵行等三个区多个抓捕点,抓获违法犯罪嫌疑人65名,已查破各类刑事案件240余起,调取手机、电脑、摄像机、手表、金银币、人民币现金等大量涉案物品。目前,抓捕、追赃、审理等后续侦查工作仍在进一步进行中。

对银都路2688弄的集中抓捕和整治行动中,33号201室、24号312室与412室、20号313室的居住人员,经核查未发现违法犯罪嫌疑,即解除控制予以放行。之后,经与相关当事人坦诚交流与沟通,取得了他们的充分理解。

最后，真诚希望贵刊继续支持上海公安工作，并给予更多如实正面的报道，联手共创平安上海。

传真时间：2009 年 8 月 14 日晚 18:06

附件3. 南都时评《警务报道中的反法治倾向》

警务报道中的反法治倾向

老实说，司法领域里的新闻报道，我最不爱看的，就是警务报道。警务报道中我最嫌恶的，就是那类临检和抓捕的所谓警务一线新闻。这类新闻的基本特质就是将警务活动简单化，将执法对象妖魔化，总体报道风格则是军事化和粗鄙化，记者和警察站在同一阵营里同仇敌忾，威猛有余，浅薄十足，距离人文关怀则缈矣远矣。

此番上海媒体大肆报道的上海警方近十年来最大的一次突袭抓捕行动则是明显一例。在这个行动中，警方出动 658 名警察，一夜之间抓获 65 名嫌犯。在该媒体随警记者的报道中，执行抓捕任务的特警"目光如电，令人生畏"，"如猿猴般敏捷，如闪电般迅捷"，而执法对象只能"被牢牢按住，绝望地听着警告……"在该报刊载的照片中，嫌疑人被喝令抱头蹲地，持枪警察威风凛凛。

这类场面我们实在太不陌生了。再往前推几天，安徽袭警案的三名嫌犯被抓获时，媒体刊登的照片赫然是数名警察夹持这被剥光猪的嫌犯们当街游走示众。

相信这类照片有摆拍的可能，依据我的经验，警方往往也乐于配合这类照片的拍摄。另外，警方抓捕时碍于各类情形往往难以兼顾执法对象的人格尊严。我想不通的是，媒体为什么喜欢去渲染这份无奈的暴力和威猛呢？且不论已深入人心的程序正义和无罪推定理念，单就传媒伦理而言，我们这些同行们为什么就不能让最基本的人道主义来照顾一下同为人类的这些阶下囚们的起码尊严呢？即便警方喜欢和习惯于这类宣传式报道，媒体为什么就不能保持必要的审慎和独立呢？须知，嫌犯被执于警察之手，乃至死刑犯伏法于刑场之上，非为暴力之彰显，实乃法治之精神授权于国家机器的逻辑后果而已。

这种刻意的渲染，我称之为恶趣味；这类愚蠢的报道，我愿称之为反法治倾向。在包括央视在内诸多媒体里，有不少这样以法治名之的喜欢渲染恶趣味的反法治类报道。

必须得承认，对这类报道，我不爱看并不意味着没人爱看。无论中外，警务报道其实是受众面非常广泛的新闻。央视一位资深制片人曾告诉我，根据他们的研究数据，只要画面里出现手铐、警服、囚犯之类镜头，收视率马上就会上扬。由此可见此类新闻在社会心理上的影响面之广，政治上安全，警方乐于配合，受众爱看，这三者因素叠加起来，让人越发担心这类报道中反法治倾向的危害之大。

明报副总编张许先生曾向笔者谈到香港媒体的做法，对包括警务报道和听讼新闻在内的司法领域新闻，香港同行的习惯做法是，在法庭定罪之前永远持小心翼翼的态度，以中性词来陈述事实。除了规避法律风险之外，他们更愿意把这种做法视为一种蕴藉人道价值观的职业伦理。在他们看来，每一个犯罪，都是这个社会伤痛的产物。每一个个体，都有其洗心革面学为好人的权利。

对那些习惯于这种恶趣味和反法治报道的媒体同行和警界外宣职员，我更愿意和你们再次温习一下公安部宣传局局长武和平在2007年提出的媒体公器论。

这位掌管全国公安宣传工作的高级警官曾经指出，媒体是社会公器，是公众获取知情权和参与国家政治生活的重要渠道和平台。武先生进一步指出，"不管你喜欢不喜欢，愿意不愿意，以媒体为代表的舆论监督都是符合宪法精神的一种制度性设计，也是表达公民意愿、推行依法治国方略的应有之义。"

我愿意在武先生的基础上再进一步引申出来两个结论，那就是：让人尊敬的记者，自然也不是把配合和擦鞋当作第一要务的记者，而是尽可能地保持独立立场，传递客观真相的记者，哪怕他状如民工，常遭人白眼。让人尊敬的警察，不是依赖和习惯媒体拍马屁的警察，也不是喜欢和乐见渲染执法暴力色彩的警察，而是将法律之精神视为生命的警察，哪怕他面若书生，手不能缚鸡。

最新的情况表明，前述上海警方的突袭行动中，有被抓获的当事人发帖诉称实乃无辜而被情报有误的警方破门而入。我想警务行动出现情报失误，无论中外，均在可容纳的行政误差中，也一定会有相应的弥补性规范来惩错和救济。唯一担心的是，不知道那些跟着警方大摆乌龙的媒体记者，在遗人笑柄、牺牲掉本身就有几分可疑的公信力之后，去如何面对那些在他们的报道中"被免费当了一回群众演员"的受害者？

石扉客（资深媒体人）
2009年8月5日《南方都市报》

附件4.《给上海公安网局长信箱的一封信》

张学兵局长阁下：

你好，此番来函，特为表扬在杨浦区营口路翔殷路口执勤的一位不知名交警。

本月13日早晨8时许，我开车送太太上班，从营口路自南向北开，到翔殷路口左拐，时值左拐绿灯变黄灯，因赶时间，我紧跟前车开出停车线数米，几乎闯灯。

这位交警先生正在路中指挥交通，在做出停车手势后，又向我摆手示意，我误以为要靠边听候违章处理，正准备靠边。这位警官快步过来，解释其手势是让我摆正车身倒车，以免挡住东西向车流，随即指挥我打轮倒回左拐车道停车线，并在随后直行灯放行时，继续指挥我前行到最便利的左拐弯准确位置等候变灯。

此事过程极简单，但难得的是，该警官自始至终态度热情，动作规范，不急不枉，不愠不火，并且，自始至终操一口流利的普通话——这短短几分钟，对他来说，不过是数以万计执法行为当中的一个，对我来说，却深为感动。

作为一个菜鸟司机，我曾碰到过守候在上海火车站南广场梅园路口，专门围堵外地车牌、态度僵硬、以罚款为目的的警察，也曾在淮海中路碰到过情绪焦灼、高度紧张、以训人为乐趣的警察——没错，我承认这就是我感动的主要原因。

我太太说，这位警察先生经常在这个路口执勤，一次她骑自行车陷入路口变灯时的车流中，也是他从容走过来，和气地帮助她从车流中脱身。

遗憾的是，这位不知名的最基层警察，我未能记住他的警号，也没注意他的警衔，甚至没能记清楚他的长相，只依稀记得是一个中等身材的敦实个头，甚至有点帅或酷？

我相信，这位先生若脱下警服，也是一个普通的丈夫、父亲和儿子，也得为柴米油盐的日常琐事奔忙，也肯定会有他或多或少职业内外的压力、牢骚和心事。但就在这短短的几分钟内，其执法之严格、服务之平和、引导之准确，我相信，背后一定是他对警察职业的真正感悟和对人性的历练与把握。

我想，无论外部制度环境如何变迁，倘若局长阁下治理下的上海警界，多一些这样朴实无华、平和中正的警察，诸多令人遗憾的冲突乃至悲剧性事件，发生概率一定会大大减小。

谨以一个公民和上海市民的名义，并以此函，向局长阁下，表达并请转达，对这位不知名警察先生的敬意！

2009 年 2 月 14 日凌晨。

注：3 月 5 日杨浦分局政治处来电，查实是一级警司金海波，并将此信做简报加编者按下发。